Chargé de projet: Gilles Rochette
Révision linguistique: Doris Lizotte
Conception et réalisation: Infoscan Collette, Québec

Dépôt légal 2e trimestre 2007
Bibliothèque et Archives Canada
Bibliothèque et Archives nationales du Québec

ISBN: 978-2-89168-939-7

Imprimé au Canada

Nous reconnaissons l'aide financière du gouvernement du Canada par l'entremise du Programme d'aide au développement de l'industrie de l'édition pour nos activités d'édition.

Gouvernement du Québec - Programme de crédit d'impôt pour l'édition de livres - Gestion SODEC

Préface

Comment faire ! a été rédigé pour répondre à un besoin des élèves du premier cycle du secondaire.

Ce livre sera un outil précieux pour l'élève, à qui il servira de :

- référence lors de travaux à la maison ou à l'école ;
- matériel de révision de ses connaissances avant une évaluation ;
- support en cas d'oubli d'une définition, d'une formule ou de faiblesses dans ses habiletés opératoires qui l'empêcheraient de résoudre un problème.

Chacun des items du livre présente une notion au programme de mathématique du premier cycle du secondaire. On retrouve dans chaque item une première partie qui présente des définitions, des formules ou des méthodes pour résoudre des problèmes et une deuxième partie qui contient des exemples pour concrétiser la partie théorique.

À la fin du livre, un index permettra à l'élève de repérer facilement et rapidement le sujet recherché.

Table des matières

Arithmétique

@ Éditions Marie-France
Merci de ne pas photocopier.

Table des matières

Algèbre

Géométrie

Table des matières

Probabilité et statistique

@ Éditions Marie-France
Merci de ne pas photocopier.

Table des matières

COMMENT FAIRE!

Trouver la somme de 127 et 34.

1 On place les nombres de façon à aligner verticalement les unités, les dizaines, les centaines, etc.

❶
```
   127
 +  34
```

2 On additionne d'abord les unités

$7 + 4 = 11$

ce qui représente 1 dizaine plus 1 unité.

❷
```
    1
   127
 +  34
     1
```

3 On rajoute la dizaine obtenue aux autres dizaines et on recommence l'étape **❷** avec les dizaines

$1 + 2 + 3 = 6$

ce qui représente 6 dizaines.

❸
```
    1
   127
 +  34
    61
```

4 On additionne finalement les centaines.

La somme de $127 + 34$ est 161.

❹
```
    1
   127
 +  34
   161
```

$+ \stackrel{\div}{\text{—}} \times$ ━━━━━━

Effectuer l'addition des nombres 1348 et 865.

```
  1 1 1
  1348
 + 865
 ─────
  2213
```

Soustraire 236 de 469.

1 On place les nombres de façon à aligner verticalement les unités. On écrit le nombre le plus grand en premier.

1
$$
\begin{array}{r}
469 \\
-\,236 \\
\end{array}
$$

2 On soustrait en commençant par les unités.

$9 - 6 = 3$

2
$$
\begin{array}{r}
469 \\
-\,236 \\
\hline
3 \\
\end{array}
$$

3 On répète l'étape **2** mais cette fois avec les dizaines.

$6 - 3 = 3$

3
$$
\begin{array}{r}
469 \\
-\,236 \\
\hline
33 \\
\end{array}
$$

4 On répète l'étape **2** mais cette fois avec les centaines.

$4 - 2 = 2$

4
$$
\begin{array}{r}
469 \\
-\,236 \\
\hline
233 \\
\end{array}
$$

La différence entre 469 et 236 est 233.

$+\overline{\underline{-}}\times$

Arithmétique • Items 1-2

Soustraire le nombre 296 de 563.

1 On place les nombres de façon à aligner verticalement les unités.
On écrit le nombre le plus grand en premier.

$$\begin{array}{r} 563 \\ -296 \end{array}$$

2 On soustrait en commençant par les unités.

$3 - 6 =$

Comme $3 < 6$ on doit emprunter une dizaine aux 6 dizaines de 563.
Il en restera alors 5. On ajoute la dizaine aux 3 unités. On a alors 13 unités.

$13 - 6 = 7$

$$\begin{array}{r} 563 \\ -296 \end{array}$$

$$\begin{array}{r} 5\overset{13}{5}\overset{}{\cancel{3}} \\ -296 \\ \hline 7 \end{array}$$

3 On répète l'étape **2** mais cette fois avec les dizaines.

$5 - 9 =$

Comme $5 < 9$ on doit emprunter une centaine aux 5 centaines de 563.
Il en restera alors 4. On ajoute les dix dizaines empruntées aux 5 dizaines.
On a alors 15 dizaines.

$15 - 9 = 6$

$$\begin{array}{r} 4\overset{15}{\cancel{5}}\overset{13}{\cancel{3}} \\ -296 \\ \hline 67 \end{array}$$

4 On soustrait les centaines.

$4 - 2 = 2$

$$\begin{array}{r} 4\overset{15}{\cancel{5}}\overset{13}{\cancel{3}} \\ -296 \\ \hline 267 \end{array}$$

La différence est de 267.

4

Trouver le produit de 127 par 34.

1 On place le plus grand nombre au-dessus du plus petit.

$$
\begin{array}{r}
127 \\
\times\ 34 \\
\end{array}
$$

2 On multiplie chacun des chiffres du premier facteur par le chiffre des unités du deuxième.

    a) $4 \times 7 = 28$, on écrit alors 8 et on retient 2.

    b) $4 \times 2 = 8$ plus la retenue 2 ce qui donne 10. On écrit 0 et on retient 1.

    c) $4 \times 1 = 4$ plus la retenue qui est 1 ce qui donne 5.

$$
\begin{array}{r}
127 \\
\times\ 34 \\
\end{array}
\qquad
\textbf{a)}\
\begin{array}{r}
{}^{2}\ \\
127 \\
\times\ 34 \\
\hline
8 \\
\end{array}
\qquad
\textbf{b)}\
\begin{array}{r}
{}^{1\,2}\ \\
127 \\
\times\ 34 \\
\hline
08 \\
\end{array}
\qquad
\textbf{c)}\
\begin{array}{r}
{}^{1\,2}\ \\
127 \\
\times\ 34 \\
\hline
508 \\
\end{array}
$$

3 On rajoute un 0 au-dessous du huit et on recommence l'étape **2** mais cette fois avec le chiffre des dizaines.

    a) $3 \times 7 = 21$, on écrit 1 et on retient 2.

    b) $3 \times 2 = 6$ plus la retenue qui est 2 ce qui donne 8.

    c) $3 \times 1 = 3$, on écrit 3.

$$
\begin{array}{r}
127 \\
\times\ 34 \\
\hline
508 \\
0 \\
\end{array}
\qquad
\textbf{a)}\
\begin{array}{r}
{}^{2}\ \\
127 \\
\times\ 34 \\
\hline
508 \\
10 \\
\end{array}
\qquad
\textbf{b)}\
\begin{array}{r}
{}^{2}\ \\
127 \\
\times\ 34 \\
\hline
508 \\
810 \\
\end{array}
\qquad
\textbf{c)}\
\begin{array}{r}
127 \\
\times\ 34 \\
\hline
508 \\
3810 \\
\end{array}
$$

4 On additionne les 2 lignes ainsi obtenues pour trouver le produit.

Le produit de 127 par 34 est 4318.

$$
\begin{array}{r}
127 \\
\times\ 34 \\
\hline
{}_{1}508 \\
+\ 3810 \\
\hline
4318 \\
\end{array}
$$

5

Trouver le quotient de 138 divisé par 3.

1 On écrit le dividende 138 suivi d'un crochet contenant le diviseur 3.

① 138 | 3

2 On pose la question « combien de fois 3 entre-t-il dans 13 ? ».

② 138 | 3

3 Étant donné que 3 entre 4 fois dans 13, on inscrit 4 sous le crochet et le produit de 3 par 4 sous les deux premiers chiffres du dividende.

③
$$\frac{138}{12} \Big| \frac{3}{4}$$

4 On soustrait 12 de 13.

④
$$\frac{-\ 138}{1} \Big| \frac{3}{4}$$

5 On abaisse par la suite le troisième chiffre 8 du dividende.

⑤
$$\begin{array}{r} 138 \\ -\ 12 \\ \hline 18 \end{array} \Big| \frac{3}{4}$$

6 On pose maintenant la question « combien de fois 3 entre-t-il dans 18 ? ». Étant donné que 3 entre 6 fois dans 18 on inscrit 6 sous le crochet et le produit sous le 18.

⑥
$$\begin{array}{r} 138 \\ -\ 12 \\ \hline 18 \\ -\ 18 \\ \hline 0 \end{array} \Big| \frac{3}{46}$$

7 La différence étant 0 le quotient est donc 46.

⑦ $138 \div 3 = 46$

On obtient 46 lorsqu'on divise 138 par 3.

On représente la **factorisation** d'un nombre naturel à l'aide d'un **arbre de facteurs**.

Il faut décomposer en facteurs jusqu'à ce que les extrémités de l'arbre soient des nombres premiers.

Un **nombre premier** est un nombre plus grand que 1 et divisible seulement par 1 et lui-même. Les nombres premiers sont 2, 3, 5, 7, 11, 13, 17…

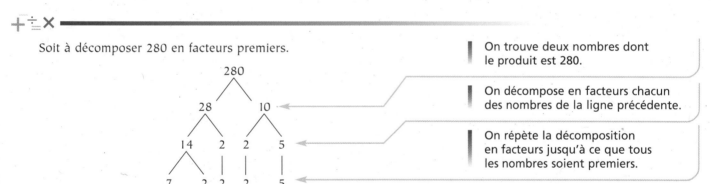

Soit à décomposer 280 en facteurs premiers.

On trouve deux nombres dont le produit est 280.

On décompose en facteurs chacun des nombres de la ligne précédente.

On répète la décomposition en facteurs jusqu'à ce que tous les nombres soient premiers.

Le nombre 280 écrit sous la forme d'un produit de facteurs premiers donne $7 \times 2 \times 2 \times 2 \times 5$ ou $7 \times 2^3 \times 5$.

7

Les caractères de divisibilité sont des outils qui aident à construire un arbre de facteurs.

DIVISIBILITÉ PAR	CRITÈRES	EXEMPLES
2	Un nombre est divisible par 2 si le dernier chiffre est un nombre pair.	346 est divisible par 2 car 6 est un nombre pair.
3	Un nombre dont la somme des chiffres qui le composent est divisible par 3 se divise par 3.	$108 : 1 + 0 + 8 = 9$, 9 se divise par 3 donc 108 aussi. $108 \div 3 = 36$
4	Un nombre est divisible par 4 si après l'avoir divisé par 2, le résultat est aussi divisible par 2.	156 est divisible par 4 car $156 \div 2 = 78$ et 78 est divisible par 2.
5	Un nombre est divisible par 5 s'il se termine par 0 ou par 5.	$625 \div 5 = 125$ $410 \div 5 = 82$
6	Un nombre est divisible par 6 s'il est à la fois divisible par 2 et 3.	168 est pair et la somme de ses chiffres $1 + 6 + 8 = 15$ se divise par 3. $168 \div 6 = 28$
9	Un nombre est divisible par 9 si la somme des chiffres qui le composent se divise par 9.	648 est divisible par 9 car $6 + 4 + 8 = 18$ et 18 se divise par 9. $648 \div 9 = 72$
10	Un nombre est divisible par 10 s'il se termine par 0.	720 se termine par 0 alors il se divise par 10. $720 \div 10 = 72$

Pour trouver le **plus grand commun diviseur** entre deux nombres naturels, on…

- fait la liste de **tous les diviseurs** des deux nombres naturels,
- identifie ceux qui sont **communs**,
- trouve le **plus grand**.

Trouver le PGCD de 18 et 24.

- Les diviseurs de 18 sont 1, 2, 3, 6, 9, 18 et les diviseurs de 24 sont 1, 2, 3, 4, 6, 8, 12, 24.
- 1, 2, 3, 6 sont les diviseurs communs de 18 et 24.
- 6 est le plus grand diviseur commun de 18 et 24.

Trouver le PGCD de 5, 10, et 25.

- Les diviseurs de 5 sont 1 et 5, les diviseurs de 10 sont 1, 2, 5, 10 et les diviseurs de 25 sont 1, 5, 25.
- Les diviseurs communs sont 1 et 5.
- Le PGCD de 5, 10 et 25 est 5.

9

On peut aussi utiliser des arbres de facteurs pour trouver le PGCD.

Trouver le plus grand commun diviseur de 75, 135 et 240.

Arbres de facteurs

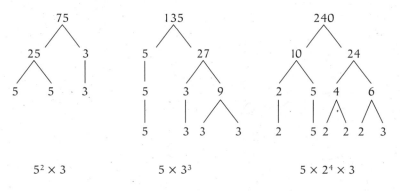

$5^2 \times 3$ 5×3^3 $5 \times 2^4 \times 3$

Le plus grand commun diviseur est donné par le produit des facteurs premiers communs affectés du plus petit exposant. Le PGCD de 75, 135 et 240 est donné par 5×3, soit 15.

Les multiples d'un nombre sont obtenus en multipliant ce nombre
par chacun des nombres naturels.

$3 \times 0, 3 \times 1, 3 \times 2, 3 \times 3, \ldots$

Les multiples de 3 soit 0, 3, 6, 9, 12…

Pour trouver le **plus petit commun multiple** de deux nombres
naturels, on…

- écrit l'ensemble des **multiples de chacun des nombres** naturels,
- identifie les **multiples communs**,
- identifie le **plus petit des multiples communs** plus grand que 0.

Trouver le PPCM de 4 et 6.

- Les multiples de 4 sont 0, 4, 8, 12, 16, 20, 24…
- Les multiples de 6 sont 0, 6, 12, 18, 24, 30, 36…
- Les multiples communs sont 0, 12, 24…
- Le plus petit multiple commun est 12.

11

On peut aussi utiliser des arbres de facteurs pour trouver le PPCM.

Trouver le plus petit commun multiple de 24, 45 et 75.

Arbres de facteurs

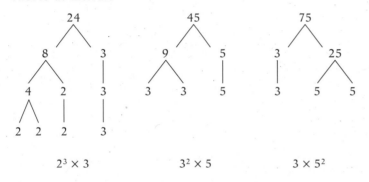

$$2^3 \times 3 \qquad 3^2 \times 5 \qquad 3 \times 5^2$$

Le plus petit commun multiple est donné par le produit
de tous les facteurs différents affectés du plus grand exposant.

Le PPCM de 12,45 et 75 est donné par $2^3 \times 3^2 \times 5^2$, soit 1800.

La somme de deux nombres entiers **positifs** est un nombre entier **positif**.

$$12 + 17 = 29$$

La somme de deux nombres entiers **négatifs** est un nombre entier **négatif**.

$$^-12 + {}^-17 = {}^-29$$

La somme d'un nombre entier positif et d'un nombre entier négatif est un nombre entier **positif ou négatif**.

La somme est négative parce que $17 > 12$. On trouve 5 en soustrayant 12 de 17.

$$12 + {}^-17 = {}^-5$$

La somme est positive parce que $17 > 12$. On trouve 5 en soustrayant 12 de 17.

$$^-12 + 17 = 5$$

Soustraire un **nombre entier** d'un autre est équivalent à **additionner** son opposé.

Voir item 8 pour l'addition de deux nombres entiers

$$15 - 7 = 15 + {}^-7 = 8$$

$$15 - {}^-7 = 15 + 7 = 22$$

$${}^-15 - 7 = {}^-15 + {}^-7 = {}^-22$$

$${}^-15 - {}^-7 = {}^-15 + 7 = {}^-8$$

$$7 - 15 = 7 + {}^-15 = {}^-8$$

$$7 - {}^-15 = 7 + 15 = 22$$

$${}^-7 - 15 = {}^-7 + {}^-15 = {}^-22$$

$${}^-7 - {}^-15 = {}^-7 + 15 = 8$$

Pour multiplier deux nombres entiers, on multiplie les nombres naturels
qui les composent.

- Si les nombres sont de **même signe** le produit est **positif**.

$$4 \times 3 = 12 \qquad \qquad {}^-4 \times {}^-3 = 12$$

- Si les nombres sont de **signes contraires** le produit est **négatif**.

$$^-4 \times 3 = {}^-12 \qquad \qquad 4 \times {}^-3 = {}^-12$$

Item 11   Diviser deux nombres entiers

Pour diviser deux nombres entiers, on divise les nombres naturels
qui les composent.

- Si les nombres sont de **même signe** le quotient est **positif**.

$$75 \div 5 = 15 \qquad \qquad {}^-49 \div {}^-7 = 7$$

- Si les nombres sont de **signes contraires** le quotient est **négatif**.

$$^-125 \div 25 = {}^-5 \qquad \qquad 300 \div {}^-100 = {}^-3$$

@ Éditions Marie-France
Merci de ne pas photocopier.

Arithmétique • Items 9-10-11

On obtient une **fraction équivalente** à une fraction donnée en **multipliant** ou en **divisant** le numérateur et le dénominateur **par un même nombre différent de zéro.**

$+\stackrel{-}{\div}\times$

En multipliant par 5 le numérateur et le dénominateur de la fraction $\frac{3}{4}$, on obtient une fraction équivalente à $\frac{3}{4}$.

$$\frac{3}{4} = \frac{3}{4} \times \frac{5}{5} = \frac{15}{20}$$

> 1 est élément neutre pour la multiplication.

$\frac{15}{20}$ est une fraction équivalente à $\frac{3}{4}$.

$+\stackrel{-}{\div}\times$

Le dénominateur d'une fraction équivalente à $\frac{42}{70}$ est 5.

Quelle est cette fraction ?

Soit x le numérateur de la fraction. La situation se traduit par l'équation suivante.

$$\frac{42}{70} = \frac{x}{5}$$

On peut trouver la valeur de x en identifiant le nombre qui, multiplié par 5, donne 70.

$$\frac{42}{70} = \frac{42 \div 14}{70 \div 14} = \frac{3}{5}$$

$70 \div 5 = 14$

On peut aussi trouver la valeur de x en appliquant la règle du produit des extrêmes égale le produit des moyens.

$$\frac{42}{70} \diagdown\!\!\!\!\diagup \frac{x}{5}$$

Voir item 19

$$70 \times x = 5 \times 42$$
$$70x = 210$$

Voir item 42

$$\frac{70x}{70} = \frac{210}{70}$$
$$x = 3$$

La fraction $\frac{3}{5}$ est équivalente à la fraction $\frac{42}{70}$.

Réduire une fraction, c'est trouver une fraction équivalente dont le numérateur et le dénominateur n'ont pas de diviseur commun plus grand que 1.

$\frac{8}{12}$ est une fraction qui peut être réduite car 4 est un diviseur commun à 8 et 12.

$\frac{8}{13}$ est une fraction qui ne peut être réduite car 8 et 13 n'ont pas de diviseur commun plus grand que 1.

Pour **réduire une fraction** s'il y a lieu, on **divise** le numérateur et le dénominateur par **leur plus grand commun diviseur** (PGCD).

$+ \div \times$

Réduire la fraction $\frac{36}{126}$.

Voir item 6

Le PGCD de 36 et 126 est 18.

$$\frac{36}{126} = \frac{36 \div 18}{126 \div 18} = \frac{2}{7}$$

La fraction réduite est $\frac{2}{7}$.

On peut aussi réduire une fraction en divisant le numérateur et le dénominateur par un diviseur commun. On répète l'opération tant que c'est possible.

+ ÷ × ━━━━━━━━━━━━

Réduire la fraction $\frac{132}{88}$.

$$\frac{132}{88} = \frac{132 \div 2}{88 \div 2} = \frac{66}{44} = \frac{66 \div 2}{44 \div 2} = \frac{33}{22} = \frac{33 \div 11}{22 \div 11} = \frac{3}{2}$$

La fraction réduite est $\frac{3}{2}$.

Item 14 — Additionner deux fractions

Pour trouver la **somme de deux fractions**, on doit premièrement transformer les deux fractions en **fractions équivalentes avec le même dénominateur**. On **additionne** ensuite les **numérateurs** des fractions équivalentes.

+ ÷ × ━━━━━━━━━━━━

Trouver la somme de $\frac{2}{3}$ et $\frac{4}{5}$.

Le dénominateur commun des deux fractions équivalentes est donné par le PPCM de 3 et 5, soit 15.

▮ Voir item 7

$$\frac{2}{3} + \frac{4}{5} = \frac{2}{3} \times \frac{5}{5} + \frac{4}{5} \times \frac{3}{3} = \frac{10}{15} + \frac{12}{15} = \frac{22}{15}$$

▮ Voir item 16

▮ $15 \div 3 = 5$

La somme de $\frac{2}{3}$ et $\frac{4}{5} = \frac{22}{15}$.

▮ $15 \div 5 = 3$

Trouver la somme des fractions $\frac{3}{2}$, $\frac{5}{6}$ et $\frac{1}{8}$.

Le dénominateur commun des trois fractions équivalentes est donné par le PPCM de 2, 6 et 8 soit 24.

▮ Voir item 7

$$\frac{3}{2} + \frac{5}{6} + \frac{1}{8} = \frac{3}{2} \times \frac{12}{12} + \frac{5}{6} \times \frac{4}{4} + \frac{1}{8} \times \frac{3}{3} = \frac{36}{24} + \frac{20}{24} + \frac{3}{24} = \frac{59}{24}$$

▮ $24 \div 2 = 12$

La somme de $\frac{3}{2}$, $\frac{5}{6}$ et $\frac{1}{8}$ est $\frac{59}{24}$.

▮ $24 \div 6 = 4$

▮ $24 \div 8 = 3$

Pour **soustraire** deux fractions, on doit premièrement les transformer en deux **fractions équivalentes avec le même dénominateur**. On **soustrait** ensuite les **numérateurs** des fractions équivalentes.

$+ \stackrel{\div}{=} \times$ ━━━━━━━━━━━━

Soustraire la fraction $\frac{7}{4}$ de la fraction $\frac{5}{6}$.

Le dénominateur commun des deux fractions équivalentes est donné par le PPCM de 4 et 6, soit 12.

▌ Voir item 7

$$\frac{5}{6} - \frac{7}{4} = \frac{5}{6} \times \frac{2}{2} - \frac{7}{4} \times \frac{3}{3} = \frac{10}{12} - \frac{21}{12} = -\frac{11}{12}$$

▌ $12 \div 6 = 2$

Le résultat de $\frac{5}{6} - \frac{7}{4}$ est $-\frac{11}{12}$.

▌ $12 \div 4 = 3$

Item 16 — Multiplier deux fractions

Pour trouver le **produit** de deux fractions on multiplie les **numérateurs ensemble et les dénominateurs ensemble.**

$$\frac{3}{4} \times \frac{4}{6} = \frac{3 \times 4}{4 \times 6} = \frac{12}{24} = \frac{1}{2}$$

On réduit la fraction s'il y a lieu. Voir item 13

Item 17 — Diviser deux fractions

Pour effectuer **la division** d'un nombre par une fraction, on **multiplie le nombre par l'inverse multiplicatif** de la fraction.

L'inverse multiplicatif de $\frac{2}{3}$ est $\frac{3}{2}$.

$$15 \div \frac{2}{3} = 15 \times \frac{3}{2} = \frac{45}{2}$$

$$\frac{7}{10} \div \frac{6}{5} = \frac{7}{10} \times \frac{5}{6} = \frac{35}{60} = \frac{7}{12}$$

$$\frac{8}{12} \div 4 = \frac{8}{12} \div \frac{4}{1} = \frac{8}{12} \times \frac{1}{4} = \frac{8}{48} = \frac{1}{6}$$

Pour comparer deux fractions, on utilise une des deux méthodes suivantes.

1re méthode

On écrit les deux fractions sous la forme de nombres décimaux et on compare ensuite les nombres décimaux.

$+ \overline{-}_{=}^{-} \times$

Quelle est la plus grande des deux fractions $\frac{3}{8}$ ou $\frac{5}{12}$?

$$\frac{3}{8} = 3 \div 8 = 0,375$$

$$\frac{5}{12} = 5 \div 12 = 0,41\overline{6}$$

$$0,375 < 0,41\overline{6}$$

On effectue la division pour écrire les fractions sous la forme décimale. Voir item 28

On compare les deux nombres décimaux. Voir item 26

$\frac{5}{12}$ est la fraction la plus grande.

23

2e méthode

On transforme les deux fractions en deux fractions équivalentes ayant
le même dénominateur, la fraction la plus grande est celle ayant
le plus grand des deux numérateurs.

Quelle est la plus grande des deux fractions $\frac{2}{27}$ ou $\frac{1}{12}$?

Voir item 7

Le dénominateur commun est le PPCM de 27 et 12 soit 108.

On transforme les fractions données en fractions équivalentes qui ont le même dénominateur. Voir item 12

$$\frac{2}{27} \times \frac{4}{4} = \frac{8}{108}$$

$$\frac{1}{12} \times \frac{9}{9} = \frac{9}{108}$$

On compare les numérateurs.

$$\frac{9}{108} > \frac{8}{108}$$

$\frac{1}{12}$ est la fraction la plus grande.

Placer les fractions $\frac{3}{4}, \frac{^{-}1}{3}, \frac{2}{3}, \frac{3}{2}, \frac{^{-}2}{12}$ dans un ordre décroissant.

❚ Voir item 7

Le PPCM des dénominateurs 4, 3, 2 et 12 est 12. ⟵

On transforme les fractions en fractions équivalentes
dont le dénominateur est 12.

❚ Voir item 12

$$\frac{3}{4} = \frac{3}{4} \times \frac{3}{3} = \frac{9}{12} ⟵$$

$$\frac{^{-}1}{3} = \frac{^{-}1}{3} \times \frac{4}{4} = \frac{^{-}4}{12} \qquad\qquad \frac{2}{3} = \frac{2 \times 4}{3 \times 4} = \frac{8}{12}$$

$$\frac{3}{2} = \frac{3}{2} \times \frac{6}{6} = \frac{18}{12} \qquad\qquad \frac{^{-}2}{12}$$

On ordonne les fractions équivalentes en plaçant les numérateurs
en ordre décroissant.

$$\frac{18}{12} > \frac{9}{12} > \frac{8}{12} > \frac{^{-}2}{12} > \frac{^{-}4}{12}$$

Si on place les fractions en ordre décroissant, on obtient

$$\frac{3}{2} > \frac{3}{4} > \frac{2}{3} > \frac{^{-}2}{12} > \frac{^{-}1}{3}.$$

Deux rapports égaux déterminent une proportion.

$$\frac{5}{6} = \frac{15}{18}$$

$\frac{5}{6} \times \frac{3}{3} = \frac{15}{18}$ Voir item 12

Dans une **proportion**, le **produit des extrêmes** égale le **produit des moyens**.

$$\frac{5}{6} = \frac{15}{18}$$

$$5 \times 18 = 6 \times 15$$

$$90 = 90$$

$\frac{5}{6} \underset{\text{extrêmes}}{\overset{\text{moyens}}{\diagdown\diagup}} \frac{15}{18}$

Cette propriété permet de trouver le terme manquant d'une proportion.

$+ \overline{\overset{-}{\underset{\div}{=}}} \times$

Trouver le terme manquant de la proportion $\frac{3}{5} = \frac{n}{20}$.

3 et 20 sont les extrêmes de la proportion, 5 et n sont les moyens.

$$3 \times 20 = 5 \times n$$

$$60 = 5n$$

Le produit des extrêmes égale le produit des moyens.

On résout l'équation. Voir item 42

$$\frac{60}{5} = \frac{5n}{5}$$

$$12 = n$$

Le terme manquant est 12.

Le dénominateur d'une fraction équivalente à $\frac{27}{15}$ est 10. Quel est le numérateur de la fraction ?

Soit x le numérateur cherché. Si les fractions sont équivalentes, on a la proportion suivante.

$$\frac{x}{10} = \frac{27}{15}$$

$$15 \times x = 27 \times 10$$

Le produit des extrêmes égale le produit des moyens.

$$15x = 270$$

On résout l'équation. Voir item 42

$$\frac{15x}{15} = \frac{270}{15}$$

$$x = 18$$

Le numérateur de la fraction est 18.

@ Éditions Marie-France
Merci de ne pas photocopier.

Arithmétique • Item 19

Calculer la somme de 13,65 et 131,432.

1 On place les nombres de façon à faire correspondre les virgules.

❶
```
   13,65
+ 131,432
```

2 On ajoute des 0 si nécessaire pour qu'il y ait le même nombre de chiffres après les virgules.

❷
```
   13,650
+ 131,432
```

3 On additionne à partir de la droite comme si on additionnait deux nombres naturels. ◄ ▌ Voir item 1

❸
```
        1
   13,650
+ 131,432
  145,082
```

La somme de 13,65 et 131,432 est 145,082.

$+ \div \times$ ▬▬▬▬▬▬▬▬▬▬▬▬▬▬▬▬▬▬▬

Trouver la somme de 0,85, 20,9 et 6,750.

```
  2 1
 0,850
20,900
 6,750
28,500
```

La somme est 28,5.

Soustraire 12,51 de 63,46.

On place les nombres de façon à faire correspondre les virgules.

1
$$63,46$$
$$-\,12,51$$

On ajoute des 0 si nécessaire pour qu'il y ait le même nombre de chiffres après les virgules.

On soustrait à partir de la droite comme si on soustrayait deux nombres naturels.   ▌ Voir item 2

3
$$\overset{2\ 14}{6\cancel{3},\cancel{4}6}$$
$$12,51$$
$$\overline{50,95}$$

La différence entre 63,46 et 12,51 est de 50,95.

+ ÷ × ———————————————

Soustraire 16,98 de 20.

$$\overset{1\ 9\ \ 9\,10}{\cancel{2}\cancel{0},\cancel{0}\cancel{0}}$$
$$16,98$$
$$\overline{3,02}$$

La différence est de 3,02.

Trouver le produit de 12,7 par 3,4.

1 On multiplie les deux nombres sans tenir compte des virgules. ← Voir item 3

```
❶    127
    ×  34
     508
    3810
    4318
```

2 On déplace la virgule vers la gauche d'autant de chiffres qu'il y a de chiffres à droite des virgules.

  12,7 → 1 chiffre après la virgule

  3,4 → 1 chiffre après la virgule

```
❷   12,7
   ×  3,4
     508
    3810
   43,18
```

On doit alors déplacer la virgule de 2 chiffres vers la gauche.

Le produit de 12,7 par 3,4 est 43,18.

+ ÷ ×

  Trouver le produit de 6,20 par 45.

  Le produit est 279.

```
    6,20
   × 45
    3100
   24800
  279,00
```

Pour diviser deux nombres décimaux, on multiplie le diviseur et le dividende par une puissance de 10 pour les transformer en deux nombres entiers. On effectue ensuite la division des deux nombres entiers.

+−÷×

Diviser 237,586 par 56,3.

$$237,586 \div 56,3 = \frac{237,586}{56,3} = \frac{237,586}{56,3} \times \frac{1000}{1000} = \frac{237\,586}{56\,300}$$

❚ Voir item 4

```
237 586 | 56 300
225 200   4,22
 123 860
 112 600
  112 600
  112 600
        0
```

Le quotient de 237,586 par 56,3 est 4,22.

@ Éditions Marie-France
Merci de ne pas photocopier.

Arithmétique • Items 22-23

Pour arrondir un nombre :

- On identifie le chiffre correspondant à la position donnée.
  … millier, centaine, dizaine, unité, dizième, centième, millième…
- Si le chiffre immédiatement à sa droite est plus petit que 5,
  on remplace tous les chiffres à droite par des 0.
- Si le chiffre immédiatement à sa droite est plus grand ou égal à 5, on
  augmente de 1 le chiffre et on remplace les chiffres à sa droite par des 0.

$+ \overline{\underline{\div}} \times$ ▬▬▬▬▬▬▬▬▬▬▬▬▬▬▬▬▬▬▬▬▬▬▬▬▬▬

Arrondir 2639 à la centaine près.

> 6 est le chiffre des centaines et le chiffre 3 immédiatement
> à sa droite est plus petit que 5. On remplace 3 et 9 par des 0.
> 2639 arrondi à la centaine donne 2600.

Arrondir 12,4863 au centième près.

> 8 est le chiffre des centièmes et le chiffre 6 immédiatement à sa
> droite est plus grand que 5. On ajoute 1 à 8 et on remplace 6 et 3
> par des zéros.
> 12,4863 arrondi au centième donne 12,4900 ou 12,49 car on
> n'écrit pas habituellement les zéros non significatifs.

Une chaîne d'opérations est une expression contenant des nombres et plusieurs opérations. Il faut effectuer les opérations en respectant leurs priorités.

1. On effectue les opérations entre **parenthèses en premier**.
2. On calcule les **puissances** pour éliminer les exposants s'il y a lieu.
3. On effectue ensuite les **multiplications et les divisions** selon l'ordre où elles se présentent.
4. Finalement, on effectue les **additions et les soustractions** selon l'ordre où elles se présentent.

Effectue le calcul en chaîne de $10 + 6 - 5 + 8$.

$$10 + 6 - 5 + 8 =$$
$$16 - 5 + 8 =$$
$$11 + 8 = 19$$

> Il n'y a que des + et −, on effectue les opérations dans l'ordre.

Effectue le calcul en chaîne de $4 \times 8 \times 9 \div 6$.

$$4 \times 8 \times 9 \div 6 =$$
$$32 \times 9 \div 6 =$$
$$288 \div 6 = 48$$

> Il n'y a que des × et ÷, on effectue les opérations dans l'ordre.

33

Effectue le calcul en chaîne de $10 \times 6 + 5 \times 8 \div 2 - 1$.

$$10 \times 6 + 5 \times 8 \div 2 - 1 =$$
$$60 + 40 \div 2 - 1 =$$
$$60 + 20 - 1 =$$
$$80 - 1 = 79$$

> On effectue les $\times$ et $\div$ avant les $+$ et $-$.

Effectue le calcul en chaîne de $10 \times (6 + 5 \times 8 - 4) + 5$.

$$10 \times (6 + 5 \times 8 - 4) + 5 =$$
$$10 \times (6 + 40 - 4) + 5 =$$
$$10 \times (46 - 4) + 5 =$$
$$10 \times 42 + 5 =$$
$$420 + 5 = 425$$

> On effectue les opérations entre parenthèses en premier.

Effectue le calcul en chaîne de $5^2 - (8 + 2 \times 3 - 10)^2$.

$$5^2 - (8 + 2 \times 3 - 10)^2 =$$
$$5^2 - (8 + 6 - 10)^2 =$$
$$5^2 - (14 - 10)^2 =$$
$$5^2 - 4^2 =$$
$$25 - 16 = 9$$

> On effectue les opérations entre parenthèses en premier.

> On calcule les puissances.

Placer des nombres décimaux dans un ordre croissant ou décroissant

Pour comparer deux nombres décimaux on…

- **ajoute des zéros** à la partie décimale d'un des nombres pour que les deux nombres aient le même nombre de chiffres après la virgule,
- **enlève les virgules,**
- **compare les deux nombres entiers obtenus.**

$+ ^{±}_{×}$

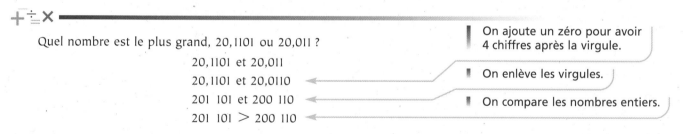

Quel nombre est le plus grand, 20,1101 ou 20,011 ?

20,1101 et 20,011

20,1101 et 20,0110 ← On ajoute un zéro pour avoir 4 chiffres après la virgule.

201 101 et 200 110 ← On enlève les virgules.

201 101 > 200 110 ← On compare les nombres entiers.

20,1101 est plus grand que 20,011.

Arithmétique • Items 25-26

Placer les nombres décimaux 1,346, 1,35 et 1,3481 en ordre croissant.

1,346, 1,35 et 1,3481

1,3460, 1,3500 et 1,3481   ←

13 460, 13 500 et 13 481   ←

13 460 < 13 481 < 13 500   ←

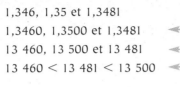

On ajoute des zéros pour avoir 4 chiffres après la virgule.

On enlève les virgules.

On compare les nombres entiers.

Si on place les trois nombres en ordre croissant, on obtient
1,346 < 1,3481 < 1,35.

| **Item 27** | Écrire un nombre décimal sous la forme d'une fraction |

Pour transformer un nombre décimal en une fraction, on multiplie
le nombre décimal par une fraction équivalente à 1 (de la forme
$\frac{10}{10}$, $\frac{100}{100}$, $\frac{1000}{1000}$ …) pour que le numérateur et le dénominateur
soient des nombres entiers.

Écrire 0,655 sous la forme d'une fraction.

$$0,655 = 0,655 \times \frac{1000}{1000} \quad ←$$

On multiplie par $\frac{1000}{1000}$ car le nombre
décimal a 3 chiffres après la virgule.

$$0,655 \times \frac{1000}{1000} = \frac{655}{1000}$$

$$\frac{655}{1000} = \frac{655 \div 5}{1000 \div 5} = \frac{131}{200}$$

▌ Voir item 13

La fraction est $\frac{131}{200}$.

Item 28 — Écrire une fraction sous la forme d'un nombre décimal

On écrit une fraction sous la forme d'un nombre décimal **en divisant le numérateur par le dénominateur**.

$+^{\div}_{-}\times$ ━━━━━━━━━━━━━━━━━━━━━━━━

Écrire $\frac{5}{8}$ sous la forme d'un nombre décimal.

On effectue la division de 5 par 8.

```
50  | 8
48  | 0,625
20
16
40
40
 0
```

Le nombre décimal est 0,625.

+ ÷ × ▬▬▬▬▬▬▬▬▬▬▬▬▬▬▬▬▬▬▬

Écrire $\dfrac{14}{3}$ sous la forme d'un nombre décimal.

On effectue la division de 14 par 3.

Le nombre décimal est périodique puisqu'il y a répétition du chiffre 6.

```
14  | 3
12  | 4,66
20
18
20
18
20
```

Le nombre décimal est $4,\overline{6}$.

Écrire un pourcent sous la forme d'une fraction

Un pourcent est équivalent à une **fraction** dont le **dénominateur est 100**.

$$n\% = \frac{n}{100}$$

Écrire 7 % sous la forme d'une fraction.

$$7\% = \frac{7}{100}$$

Le pourcent 7 % est équivalent à la fraction $\frac{7}{100}$.

Écrire 128 % sous la forme d'une fraction.

$$128\% = \frac{128}{100} = \frac{128 \div 4}{100 \div 4} = \frac{32}{25}$$

Le pourcent 128% est équivalent à la fraction $\frac{32}{25}$.

39

Écrire 15,2 % sous la forme d'une fraction.

$$15,2\ \% = \frac{15,2}{100} = \frac{15,2 \times 10}{100 \times 10} = \frac{152}{1000} = \frac{152 \div 8}{1000 \div 8} = \frac{19}{125}$$

Le pourcent 15,2 % est équivalent à la fraction $\frac{19}{125}$.

POURCENT	FRACTION	POURCENT	FRACTION	POURCENT	FRACTION
1 %	$\frac{1}{100}$	30 %	$\frac{3}{10}$	$66,\overline{6}$ %	$\frac{2}{3}$
5 %	$\frac{1}{20}$	$33,\overline{3}$ %	$\frac{1}{3}$	70 %	$\frac{7}{10}$
10 %	$\frac{1}{10}$	37,5 %	$\frac{3}{8}$	75 %	$\frac{3}{4}$
12,5 %	$\frac{1}{8}$	40 %	$\frac{2}{5}$	80 %	$\frac{4}{5}$
15 %	$\frac{3}{20}$	50 %	$\frac{1}{2}$	87,5 %	$\frac{7}{8}$
20 %	$\frac{1}{5}$	60 %	$\frac{3}{5}$	90 %	$\frac{9}{10}$
25 %	$\frac{1}{4}$	62,5 %	$\frac{5}{8}$	100 %	1

Pour transformer une **fraction en un pourcent**, on trouve une fraction équivalente dont le **dénominateur est 100**.

➕➗✖

Écrire la fraction $\dfrac{4}{5}$ sous la forme d'un pourcent.

$$\frac{4}{5} = \frac{4}{5} \times \frac{20}{20} = \frac{80}{100} = 80\ \%$$

▎ $100 \div 5 = 20$. Voir item 12

La fraction $\dfrac{4}{5}$ est équivalente à 80 %.

➕➗✖

Écrire la fraction $\dfrac{5}{12}$ sous la forme d'un pourcent.

On utilise la notion de proportion pour trouver le pourcent.

$$\frac{5}{12} = \frac{x}{100}$$

$$5 \times 100 = 12 \times x$$

▎ Le produit des extrêmes égale le produit des moyens. Voir item 19

41

$$500 = 12x$$

$$\frac{500}{12} = \frac{12x}{12}$$

Voir item 42

$$41,\overline{6} = x$$

```
500 | 12
 48   41,6
 20
 12
 80
 72
  8
```

La fraction $\frac{5}{12}$ est équivalente à 41,$\overline{6}$ %.

Écrire la fraction $\frac{13}{8}$ sous la forme d'un pourcent.

On écrit la fraction sous la forme d'un nombre décimal.

```
13 | 8
 8   1,625
50
48
20
16
40
40
 0
```

On écrit ensuite le nombre décimal sous la forme d'un pourcent. Voir item 32

$$1,625 = 1,625 \times \frac{100}{100} = \frac{162,5}{100} = 162,5\,\%$$

La fraction $\frac{13}{8}$ est équivalente à $162,5\,\%$.

$1 = 100\,\%$			
$\frac{1}{2} = 50\,\%$			
$\frac{1}{4} = 25\,\%$	$\frac{3}{4} = 75\,\%$		
$\frac{1}{3} = 33,\overline{3}\,\%$	$\frac{2}{3} = 66,\overline{6}\,\%$		
$\frac{1}{5} = 20\,\%$	$\frac{2}{5} = 40\,\%$	$\frac{3}{5} = 60\,\%$	$\frac{4}{5} = 80\,\%$
$\frac{1}{8} = 12,5\,\%$	$\frac{3}{8} = 37,5\,\%$	$\frac{5}{8} = 62,5\,\%$	$\frac{7}{8} = 87,5\,\%$
$\frac{1}{10} = 10\,\%$	$\frac{3}{10} = 30\,\%$	$\frac{7}{10} = 70\,\%$	$\frac{9}{10} = 90\,\%$

Arithmétique • Item 30

Un pourcent est équivalent à une **fraction dont le dénominateur est 100**.

$$n\% = \frac{n}{100}$$

Il suffit d'effectuer la division par 100 pour écrire la fraction $\frac{n}{100}$ en nombre décimal.

Écrire 15 % sous la forme d'un nombre décimal.

$$15\% = \frac{15}{100} = 0,15$$

◄─────────── ▌ Voir item 4

15 % est équivalent au nombre décimal 0,15.

Écrire 37,5 % sous la forme d'un nombre décimal.

$$37,5\% = \frac{37,5}{100} = 0,375$$

◄─────────── ▌ Voir item 4

37,5 % est équivalent au nombre décimal 0,375.

Pour transformer un nombre décimal en un pourcent, on écrit le **nombre décimal** sous la forme d'une **fraction équivalente dont le dénominateur est 100**. Il suffit de multiplier le nombre décimal par $\frac{100}{100}$.

$+\overset{\div}{=}\times$

Écrire le nombre 0,625 sous la forme d'un pourcent.

$$0,625 \times \frac{100}{100} = \frac{0,625 \times 100}{100} = \frac{62,5}{100} = 62,5\ \%$$

Le nombre 0,625 est équivalent à 62,5 %.

$+\overset{\div}{=}\times$

Écrire le nombre 1,5 sous la forme d'un pourcent.

$$1,5 \times \frac{100}{100} = \frac{1,5 \times 100}{100} = \frac{150}{100} = 150\ \%$$

Le nombre 1,5 est équivalent à 150 %.

On trouve le pourcent d'un nombre en le multipliant par la **fraction équivalente au pourcentage donné**.

+÷×━━━━━━━━━━━━━━━━━━━━━━━━━━━━

Trouver les 30 % de 150.

La fraction équivalente à 30 % est $\frac{30}{100}$.

$$150 \times \frac{30}{100} = \frac{4500}{100} = 45$$

Le nombre 45 correspond à 30 % de 150.

+÷×━━━━━━━━━━━━━━━━━━━━━━━━━━━━

Trouver les 7,5 % de 42,50.

La fraction équivalente à 7,5 % est $\frac{7,5}{100}$ ou $\frac{75}{1000}$.

$$42,50 \times \frac{75}{1000} = \frac{3187,5}{1000} = 3,1875$$

Le nombre 3,1875 correspond à 7,5 % de 42,50.

Le nombre 15 représente quel pourcent de 50 ?

On écrit le rapport $\dfrac{15}{50}$ sous la forme d'un rapport équivalent où le dénominateur est 100.

$$\dfrac{15}{50} = \dfrac{15 \times 2}{50 \times 2} = \dfrac{30}{100} = 30\ \%$$

Le nombre 15 correspond à 30 % de 50.

Le nombre 4,20 représente quel pourcent de 25,20 ?
On écrit le rapport $\dfrac{4,20}{25,20}$ sous la forme d'un nombre décimal.

$$
\begin{array}{r|l}
4\,200 & 2520 \\
\underline{2\,520} & 0,1666 \\
16\,800 & \\
\underline{15\,120} & \\
16\,800 & \\
\underline{15\,120} & \\
\text{etc.} &
\end{array}
$$

❚ On a arrondi le résultat à 0,167.

47

On écrit ensuite le nombre décimal sous la forme d'un pourcent. ◄ ▌ Voir item 32

$$0,167 = 0,167 \times \frac{100}{100} = \frac{16,7}{100} = 16,7\,\%$$

Le nombre 4,20 correspond à 16,7 % de 25,20.

Item 35	Trouver un nombre lorsqu'un pourcentage de ce nombre est donné

Trouver un nombre si 20 % de ce nombre correspond à 45.

Si 20 % du nombre correspond à 45, alors 1 % correspond à 20 fois moins, soit 45 ÷ 20 ou 2,25.

100 % vaut 100 fois plus, soit 2,25 × 100 ou 225.

Le nombre cherché est 225.

On obtient un rabais de 20 % lors de l'achat d'un gilet. Quel est le prix du gilet si le rabais est de 12,50 $?

Cette situation se traduit par une équation où x désigne le prix du gilet.

$$x \times 20\,\% = 12,50$$

$$x \times \frac{20}{100} = 12,50$$

$$x \times \frac{20}{100} \times 100 = 12,50 \times 100 \quad \longleftarrow$$

❚ Voir item 42

$$x \times 20 = 1250$$

$$x \times \frac{20}{20} = \frac{1250}{20}$$

$$x = 62,5$$

Le prix du gilet est de 62,50 $.

@ Éditions Marie-France
Merci de ne pas photocopier.

Arithmétique • Item 34-35

$8x^2$ est un terme algébrique où…

- 8 est le coefficient;
- x est la variable;
- le degré du terme est 2, c'est l'exposant de x.

Le degré du terme $5x$ est 1.

Le coefficient du terme x est 1.

On ne peut additionner que des termes semblables, c'est-à-dire des termes qui ne diffèrent que par leur coefficient.

Pour additionner $4x$ et $5x$, on additionne les coefficients 4 et 5.

$$4x + 5x = (4 + 5)x = 9x$$

Pour soustraire $9a^2$ de $3a^2$, tu effectues la soustraction des coefficients $3 - 9$.

$$3a^2 - 9a^2 = (3 - 9)a^2 = {}^-6a^2$$

La somme $21x + 4y$ ne peut être réduite, les termes $21x$ et $4y$ ne sont pas semblables.

L'expression algébrique $6a - 7b - 4$ est un polynôme.
- Les trois termes du polynôme sont $6a$, ^-7b et $^-4$.
- 6 est le coefficient du terme $6a$.
- $^-7$ est le coefficient du terme ^-7b.
- $^-4$ est le terme constant du polynôme.

Un polynôme est un…
- monôme s'il ne contient qu'un terme ($15x$ est un monôme);
- binôme s'il contient deux termes ($x + 7$ est un binôme);
- trinôme s'il contient trois termes ($3m + 2n - 4$ est un trinôme).

On additionne ou soustrait deux polynômes en regroupant les termes semblables et en effectuant **l'addition ou la soustraction des coefficients des termes semblables**.

Algèbre • Items 36-37

Trouver la somme des deux polynômes $3x^2 + 4x - 3$ et $4x^2 - 6x + 10$.

$$(3x^2 + 4x - 3) + (4x^2 - 6x + 10) =$$

$$3x^2 + 4x - 3 + 4x^2 - 6x + 10 =$$ ← ▮ On élimine les parenthèses.

$$\underbrace{3x^2 + 4x^2}_{7x^2} + \underbrace{4x - 6x}_{-2x} \underbrace{- 3 + 10}_{+7} =$$ ← ▮ On regroupe les termes semblables.

← ▮ On additionne les termes semblables.

La somme des polynômes est $7x^2 - 2x + 7$.

+ ÷ × ━━━━━━━━━━━━━━━━━━━━━━━━━

Soustraire le polynôme $2xy - 2y + 4$ du polynôme $3xy + 4y - 3$.

$$(3xy + 4y - 3) - (2xy - 2y + 4) =$$

$$3xy + 4y - 3 - 2xy + 2y - 4 =$$ ← ▮ On élimine les parenthèses.

$$\underbrace{3xy - 2xy}_{xy} + \underbrace{4y + 2y}_{+6y} \underbrace{- 3 - 4}_{-7} =$$ ← ▮ On regroupe les termes semblables.

← ▮ On additionne les termes semblables.

Si on soustrait le polynôme $2xy - 2y + 4$ du polynôme $3xy + 4y - 3$, on obtient le polynôme $xy + 6y - 7$.

Pour effectuer la **multiplication d'un monôme par un terme constant**,
on multiplie le coefficient du monôme par la constante.

Le produit de $25x$ par $^-3$ est donné par $(25 \times {}^-3)x$, soit ^-75x.

Pour effectuer la **division d'un monôme par un terme constant**,
on divise le coefficient du monôme par la constante.

Lorsqu'on divise le monôme $45ab$ par la constante 9, le quotient est
donné par $(45 \div 9)ab$, soit $5ab$.

Pour multiplier ou diviser un polynôme par une constante, on applique
la distributivité de la multiplication sur l'addition.

Algèbre • Items 37-38-39

Trouver le produit du polynôme $4a^2 - 7ab + 6$ et du terme constant 8.

$$8 \times (4a^2 - 7ab + 6) = 8 \times 4a^2 - 8 \times 7ab + 8 \times 6$$
$$= 32a^2 - 56ab + 48$$

Le produit est le polynôme $32a^2 - 56ab + 48$.

Le facteur 8 est distribué sur chacun des termes du polynôme.

Trouver le quotient obtenu en divisant le polynôme $16x^2 - 8xy + 9y^2$ par la constante 4.

Diviser par un nombre, c'est multiplier par son inverse.

$$(16x^2 - 8xy + 9y^2) \div 4 = (16x^2 - 8xy + 9y^2) \times \frac{1}{4}$$

On applique la distributivité.

$$= 16 \times \frac{1}{4}x^2 - 8 \times \frac{1}{4}xy + 9 \times \frac{1}{4}y^2$$

$$= 4x^2 - 2xy + \frac{9}{4}y^2$$

Le quotient est le polynôme $4x^2 - 2xy + \frac{9}{4}y^2$.

Pour effectuer la **multiplication de deux monômes,** on **multiplie les coefficients** pour obtenir le coefficient du produit et on **multiplie les parties littérales** pour obtenir la partie littérale du produit.

$+\stackrel{-}{\div}\times$ ━━━━━━━━━━━━━━━━━━━━━━━

Trouver le produit de $7a$ par ^-6a.

$$7a \times {}^-6a = (7 \times {}^-6) \times (a \times a)$$
$$= {}^-42a^2$$

Le produit de $7a$ par ^-6a est $^-42a^2$.

$+\stackrel{-}{\div}\times$ ━━━━━━━━━━━━━━━━━━━━━━━

Trouver le produit des trois monômes $0,5x$, $2xy$ et $10y$.

$$0,5x \times 2xy \times 10xy = (0,5 \times 2 \times 10) \times (x \times xy \times y)$$
$$= 10 \times x^2 y^2$$
$$= 10x^2 y^2$$

Le produit est $10x^2y^2$.

Lorsqu'on connaît les valeurs des variables d'une expression algébrique, on trouve la **valeur numérique** de l'expression **en remplaçant les variables par les valeurs données**.

On obtient alors une chaîne d'opérations où il faut effectuer ces opérations en respectant leurs priorités. ◄──────── ▌ Voir item 25

Trouver la valeur numérique de l'expression $(2a + b) \times 3c$ si $a = 5$, $b = {}^-2$ et $c = 10$.

▌ On remplace a par 5, b par $^-2$ et c par 10.

$$(2a + b) \times 3c = (2 \times 5 + {}^-2) \times 3 \times 10$$
$$= (10 - 2) \times 30$$
$$= 8 \times 30$$
$$= 240$$

La valeur numérique est 240.

Résoudre une équation, c'est trouver la valeur de la variable de l'équation qui **transforme l'équation en une égalité**.

La solution de l'équation $7x - 10 = 4$ est 2 car après substitution de x par 2, on obtient l'égalité $7 \times 2 - 10 = 4$.

Pour résoudre une équation, **on isole la variable dans un membre** de l'équation en appliquant les règles suivantes.

- On peut additionner ou soustraire une même quantité à chacun des membres d'une équation.
- On peut multiplier ou diviser chacun des membres de l'équation par une même quantité différente de zéro.

Trouver la solution de l'équation $5x + 4 = x - 16$.

$$5x + 4 = x - 16$$

On soustrait 4 aux deux membres.

$$5x + 4 - 4 = x - 16 - 4$$

$$5x = x - 20$$

On soustrait x aux deux membres.

$$5x - x = x - x - 20$$

$$4x = {}^-20$$

On divise les deux membres par 4.

$$\frac{4x}{4} = \frac{{}^-20}{4}$$

On a isolé x dans un membre de l'équation.

$$x = {}^-5$$

La solution de l'équation est $^-5$.

On peut vérifier le résultat en remplaçant la variable x par $^-5$ dans l'équation.

$$5x + 4 = x - 16$$

$$5 \times {}^-5 + 4 = {}^-5 - 16$$

$$^-25 + 4 = {}^-21$$

L'équation est transformée en une égalité.

$$^-21 = {}^-21$$

$+ \frac{-}{=} \times$

Équations avec parenthèses

On élimine les parenthèses en appliquant la distributivité de la multiplication sur l'addition.

Résoudre l'équation $8(5 - 2a) + 4 = 15 - (6a - 3)$.

$$8(5 - 2a) + 4 = 15 - (6a - 3)$$

$$8 \times 5 - 8 \times 2a + 4 = 15 - 1 \times 6a - {}^-1 \times 3$$

$$40 - 16a + 4 = 15 - 6a + 3$$

$${}^-16a + 44 = 18 - 6a$$

$${}^-16a + 44 - 44 = 18 - 6a - 44$$

$${}^-16a = {}^-6a - 26$$

$${}^-16a + 6a = {}^-6a - 26 + 6a$$

$${}^-10a = {}^-26$$

$$\frac{{}^-10a}{{}^-10} = \frac{{}^-26}{{}^-10}$$

$$a = 2,6$$

- $-(6a - 3) = -1 \times (6a - 3)$
- On soustrait 44 aux deux membres.
- On additionne $6a$ aux deux membres.
- On divise les deux membres par ${}^-10$.
- La variable est isolée.

La solution de l'équation est 2,6.

$+ {}^- \div \times$

Algèbre • Item 42

Équations avec fractions

On élimine les dénominateurs en multipliant les deux membres de l'équation par le PPCM des dénominateurs des fractions de l'équation.

Résoudre l'équation $\dfrac{2x}{3} + \dfrac{1}{3} = 5 + \dfrac{3x}{4} - \dfrac{1}{2}$.

> Voir item 7

On trouve le PPCM des dénominateurs 3, 4 et 2. Le PPCM est 12.
On multiplie les deux membres de l'équation par 12.

$$\left(\frac{2x}{3} + \frac{1}{3}\right) \times 12 = \left(5 + \frac{3x}{4} - \frac{1}{2}\right) \times 12$$

$$\frac{2x}{3} \times 12 + \frac{1}{3} \times 12 = 5 \times 12 + \frac{3x}{4} \times 12 - \frac{1}{2} \times 12$$

> On applique la distributivité.

$$\frac{24x}{3} + \frac{12}{3} = 60 + \frac{36x}{4} - \frac{12}{2}$$

$$8x + 4 = 60 + 9x - 6$$

$$8x + 4 = 54 + 9x$$

$$8x + 4 - 4 = 54 + 9x - 4$$

> On soustrait 4 aux deux membres.

$$8x = 50 + 9x$$

$$8x - 9x = 50 + 9x - 9x$$

> On soustrait 9x aux deux membres.

$$^-x = 50$$

$$\frac{^-x}{^-1} = \frac{50}{^-1}$$

> On divise les deux membres par $^-1$.

> La variable est isolée.

$$x = {}^-50$$

La solution de l'équation est $^-50$.

Équation donnée sous la forme d'une égalité de deux rapports

On applique la règle suivante : lorsque deux rapports déterminent
une proportion, le produit des extrêmes égale le produit des moyens.

Voir item 19

Si $\dfrac{3}{4} = \dfrac{15}{20}$ alors $3 \times 20 = 4 \times 15$.

Résoudre l'équation $\dfrac{5y + 2}{3y - 8} = \dfrac{3}{11}$.

$$\dfrac{5y + 2}{3y - 8} = \dfrac{3}{11}$$

$$11 \times (5y + 2) = 3 \times (3y - 8)$$

Le produit des extrêmes égale le produit des moyens.

$$11 \times 5y + 11 \times 2 = 3 \times 3y - 3 \times 8$$

On applique la distributivité.

$$55y + 22 = 9y - 24$$

$$55y + 22 - 22 = 9y - 24 - 22$$

On soustrait 22 aux deux membres.

$$55y = 9y - 46$$

$$55y - 9y = 9y - 46 - 9y$$

On soustrait 9y aux deux membres.

$$46y = {}^-46$$

$$\dfrac{46y}{46} = \dfrac{{}^-46}{46}$$

On divise les deux membres par 46.

$$y = {}^-1$$

On a isolé la variable.

La solution de l'équation est $^-1$.

61

DONNÉE TEXTUELLE	EXPRESSION ALGÉBRIQUE	DONNÉE TEXTUELLE	EXPRESSION ALGÉBRIQUE
Le double de x	$2x$	Au double de x, on enlève 5	$2x - 5$
Le triple de x	$3x$	Le double de x augmenté de 10	$2x + 10$
Le quadruple de x	$4x$	Le double de la somme de x et 10	$2(x + 10)$
La moitié de y	$\dfrac{y}{2}$	Le nombre entier qui suit x	$x + 1$
		Le nombre entier qui précède x	$x - 1$
Le tiers de y	$\dfrac{y}{3}$	On retranche 4 du tiers de m	$\dfrac{m}{3} - 4$
Le quart de y	$\dfrac{y}{4}$	Le carré de a	a^2
La somme de a et 6	$a + 6$	Le double du carré de x	$2x^2$
Le produit de 3 et b	$3b$	Le carré du double de x	$(2x)^2$
La différence obtenue en soustrayant 4 de b	$b - 4$	La somme des carrés de a et b	$a^2 + b^2$
Le quotient obtenu en divisant b par 2	$\dfrac{b}{2}$	Le carré de la somme de a et b	$(a + b)^2$

Pour tracer une droite qui passe par le point A et qui est parallèle
à la droite *d*…

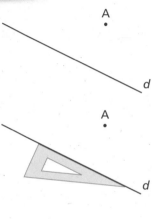

• on fait coïncider un côté de l'angle droit de l'équerre avec la droite *d*;

• on appuie une règle sur l'autre côté de l'angle droit de l'équerre;

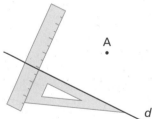

• on glisse l'équerre jusqu'au point A et on trace la droite parallèle *d'*.

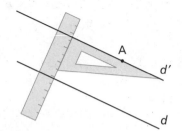

La droite *d'* est parallèle à la droite *d* et passe par le point A.

Item 45	Tracer deux droites perpendiculaires

Pour tracer une droite qui passe par le point A et qui est perpendiculaire à la droite *d*...

• on fait coïncider un côté de l'angle droit de l'équerre avec la droite *d* ;

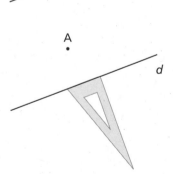

- on appuie une règle sur l'hypoténuse de l'équerre (l'hypoténuse est le côté opposé à l'angle droit d'un triangle rectangle);

- on glisse ensuite l'équerre sur la règle jusqu'à ce que l'autre côté de l'angle droit atteigne le point A;

- finalement, on trace la perpendiculaire d'.

La droite d' est perpendiculaire à la droite d et passe par le point A.

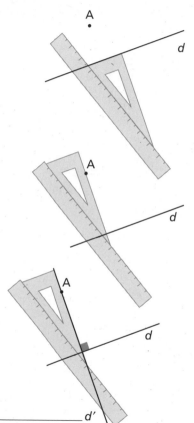

65

Pour déterminer le point milieu du segment AB...

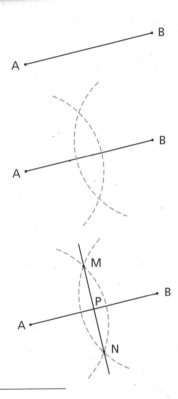

- à l'aide d'un compas et avec un rayon plus grand que la moitié de la mesure du segment, on trace deux arcs de cercle de même rayon, un arc centré en A et l'autre centré en B ;

- on relie ensuite les points de rencontre M et N des deux arcs.

Le point de rencontre P des segments AB et MN est le point milieu du segment AB.

$$m\overline{AP} = m\overline{PB}$$

La médiatrice d'un segment est la droite qui passe par le point milieu du segment et qui est perpendiculaire au segment.

Pour tracer la médiatrice du segment AB…

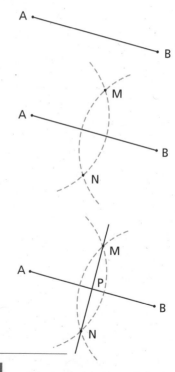

- à l'aide d'un compas et avec un rayon plus grand que la moitié de la mesure du segment, on trace deux arcs de cercle de même rayon, un arc centré en A et l'autre centré en B ;

- on trace ensuite une droite passant par les points de rencontre M et N des deux arcs. La droite MN est la médiatrice du segment AB.

La droite MN est perpendiculaire au segment AB et passe par le point milieu P du segment AB.

$$MN \perp \overline{AB} \quad \text{et} \quad m\,\overline{AP} = m\,\overline{PB}$$

67

La bissectrice d'un angle est la demi-droite qui est issue du sommet de l'angle et qui partage l'angle en deux angles congrus.

Pour tracer la bissectrice de l'angle A...

- à l'aide d'un compas, on trace un arc de cercle (centré en A) qui coupe les côtés de l'angle en M et N ;

- on trace ensuite deux arcs de cercle de même rayon et centrés en M et N ;

- finalement, on relie le point de rencontre P des deux arcs au sommet de l'angle. La demi-droite AP est la bissectrice de l'angle A.

La bissectrice AP partage l'angle A en deux angles congrus.

$$m \angle MAP = m \angle PAN$$

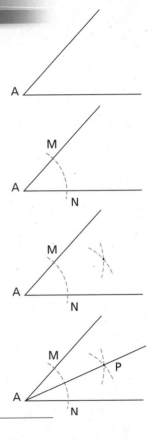

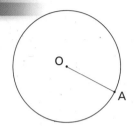

Cercle

Tous les points du cercle sont situés à égale distance du centre O.

Un **rayon** est un segment qui relie le centre à un point du cercle.

$$\overline{OA} \text{ est un rayon.}$$

Une **corde** est un segment qui relie deux points du cercle.

Un **diamètre** est une corde qui passe par le centre du cercle.

$$\overline{BC} \text{ est une corde.}$$

$$\overline{DE} \text{ est un diamètre.}$$

Un **arc** est une portion d'un cercle.

$$\overset{\frown}{FG} \text{ est un arc.}$$

Un **angle au centre** est un angle dont les côtés sont des rayons du cercle.

$$\angle MON \text{ est un angle au centre.}$$

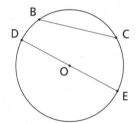

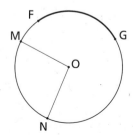

Le **centre du cercle** est donné par le point de rencontre des médiatrices de deux cordes du cercle.

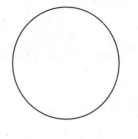

On trace deux cordes quelconques du cercle.

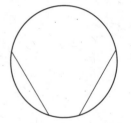

On trace les médiatrices des deux cordes. Voir item 47

Le point de rencontre des médiatrices est le centre du cercle.

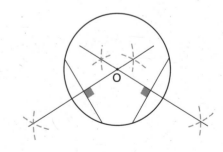

Un triangle **équilatéral** a **trois côtés congrus** et **trois angles de 60°**.

$$m\overline{AB} = m\overline{BC} = m\overline{AC}$$
$$m\angle A = m\angle B = m\angle C = 60°$$

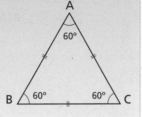

Un triangle **isocèle** a **deux côtés congrus** et **deux angles congrus**.

$$m\overline{AB} = m\overline{AC}$$
$$m\angle B = m\angle C$$

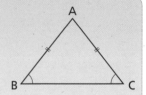

Un triangle **rectangle** a un **angle de 90°**.

$$m\angle B = 90°$$

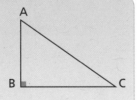

Les **deux côtés** de l'angle droit d'un triangle **rectangle isocèle** sont **congrus**.

$$m\overline{AB} = m\overline{AC}$$
$$m\angle B = m\angle C = 45°$$

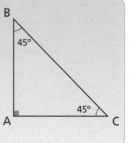

71

Il faut des **conditions minimales** pour que le tracé d'un triangle soit unique. Pour construire un triangle, il faut connaître...

- les **mesures des trois côtés** ou

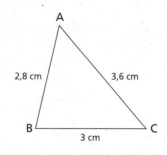

- les **mesures de deux côtés et la mesure de l'angle compris** entre ces côtés ou

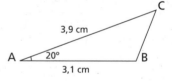

- la **mesure d'un côté et les mesures des deux angles** qui ont ce côté en commun.

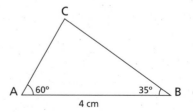

Pour tracer un triangle dont les côtés mesurent 2,8 cm, 2,1 cm et 2,5 cm, ...

- on trace un segment de même mesure qu'un des côtés dont la mesure est donnée, les points A et B sont des sommets du triangle ;

- du sommet A, on trace un arc de cercle de 2,1 cm de rayon ;

- du sommet B, on trace un arc de cercle de 2,5 cm de rayon.

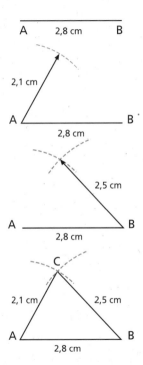

Le point d'intersection des deux arcs détermine le sommet C du triangle.

Pour tracer un triangle dont un des angles compris entre deux côtés de 3,1 cm et 2,2 cm mesure 52°, ...

- on trace un segment de même mesure qu'un des côtés dont la mesure est donnée, les points A et B sont des sommets du triangle ;

- à l'aide d'un rapporteur d'angle, on trace un angle de 52° dont le sommet est A et $\overline{AB}$ est un côté ;

- du sommet A, on trace un arc de cercle de 2,2 cm de rayon ;

- le point d'intersection de l'arc et du côté de l'angle de 52° détermine le sommet C du triangle.

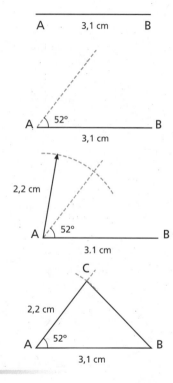

Pour tracer un triangle dont deux angles de 110° et 28° ont un côté de 3,5 cm en commun, ...

- on trace un segment de même longueur que le côté de 3,5 cm, les points A et B sont des sommets du triangle;

- à l'aide d'un rapporteur d'angle, on trace un angle de 110° dont le sommet est A et $\overline{AB}$ est un côté;

- à l'aide d'un rapporteur d'angle, on trace un angle de 28° dont le sommet est B et $\overline{AB}$ est un côté;

- le point d'intersection des côtés des deux angles de 110° et 28° détermine le sommet C du triangle.

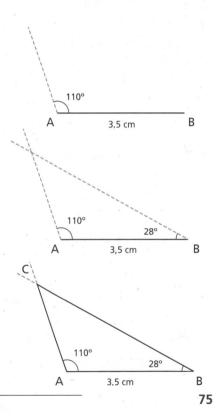

75

Une **hauteur** d'un triangle est un segment issu d'**un sommet** du triangle et **perpendiculaire au côté opposé** du triangle ou à son prolongement.

Pour tracer la hauteur AH du triangle ABC, ...

- on trace un segment perpendiculaire au côté BC et passant par le sommet A.

📑 Voir item 45

L'angle B du triangle ABC est obtus, tracer la hauteur issue du sommet A.

On prolonge le côté BC du triangle et on trace le segment AH perpendiculaire au côté BC.

📑 Voir item 45

Le segment AH est la hauteur issue du sommet du triangle ABC.

Les trois hauteurs d'un triangle ou leurs prolongements se rencontrent en un point.

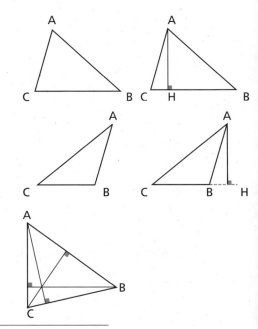

La **bissectrice** d'un angle d'un triangle est la demi-droite qui **partage** l'angle en deux angles congrus.

Pour tracer la bissectrice de l'angle A
du triangle ABC, …

> **Voir item 48**

- on trace la bissectrice de l'angle A.

La demi-droite AD est la bissectrice de l'angle A du triangle ABC.

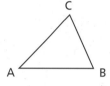

Les bissectrices des trois angles d'un triangle se rencontrent
en un point. Ce point est le centre du cercle inscrit dans le triangle.

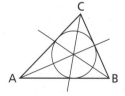

Géométrie • Items 51-52

La **médiatrice** d'un côté d'un triangle est la **droite perpendiculaire au côté** du triangle et **passant par le point milieu de ce côté**.

Pour tracer la médiatrice DM du côté AB du triangle ABC, ...

Voir item 47

• on trace la médiatrice du segment AB.

La droite DM est la médiatrice du côté AB du triangle ABC.

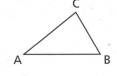
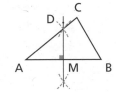

Les trois médiatrices des côtés d'un triangle se rencontrent en un point.

Ce point est le centre du cercle qui passe par les trois sommets du triangle.

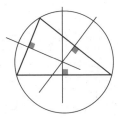

La **médiane** d'un triangle est un segment qui relie **un sommet au milieu du côté opposé**

Pour tracer la médiane AM du triangle ABC, ...

| Voir item 46 |

- on situe le point M milieu du côté BC,
- on relie le sommet A au point M.

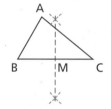

Le segment AM est la médiane issue du sommet A du triangle ABC.

Les trois médianes d'un triangle se rencontrent en un point.

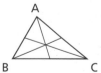

@ Éditions Marie-France
Merci de ne pas photocopier.

Géométrie • Items 53-54

Pour tracer l'image du triangle ABC par la translation *t*...

- à l'aide d'une équerre et d'une règle, on trace trois parallèles à la flèche de translation, les parallèles passent par les sommets du triangle ABC ;

  ▌ Voir item 44

- on place les deux pointes d'un compas sur les extrémités de la flèche de translation ;

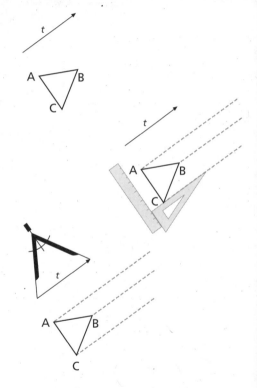

- on place la pointe sèche du compas sur le sommet A, on fait une marque sur la parallèle dans le même sens que la flèche, on répète la procédure pour les deux autres sommets ;

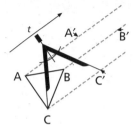

- on relie les points A', B' et C' à l'aide de l'équerre.

Le triangle A'B'C' est l'image du triangle ABC par la translation *t*.

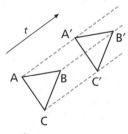

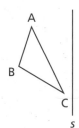

Pour tracer l'image du triangle ABC par la réflexion s...

- à l'aide d'une équerre et d'une règle, on trace trois perpendiculaires à l'axe de réflexion, les perpendiculaires passent par les sommets du triangle ABC ;

Voir item 45

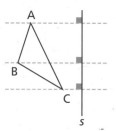

- on place les deux pointes d'un compas aux extrémités du segment AD et on tourne le compas pour situer le point A', on répète la procédure pour les sommets B et C ;

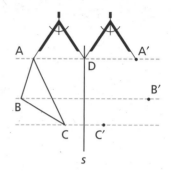

- on relie les points A', B' et C' à l'aide d'une équerre.

Le triangle A'B'C' est l'image du triangle ABC par la réflexion s.

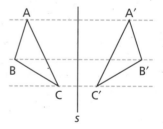

Pour tracer l'image du triangle ABC par la rotation *r* de centre O, …

- on trace des cercles centrés en O et passant par les sommets du triangle ABC ;

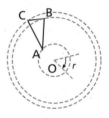

- on prolonge les côtés de l'angle de rotation ;

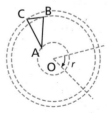

@ Éditions Marie-France
Merci de ne pas photocopier.

- sur le cercle passant par C, on place les pointes d'un compas sur les extrémités de l'arc à l'intérieur de l'angle de rotation ❶, on situe le point C' en reportant l'ouverture du compas à partir de C et dans le sens de la rotation de *r* ❷, on répète la procédure pour les deux autres sommets ;

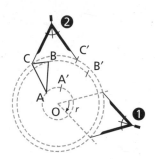

- on relie les points A', B' et C'.

Le triangle A'B'C' est l'image du triangle ABC par la rotation *r*.

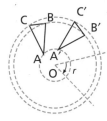

Pour tracer l'image du triangle ABC par une homothétie *h* de centre O, …

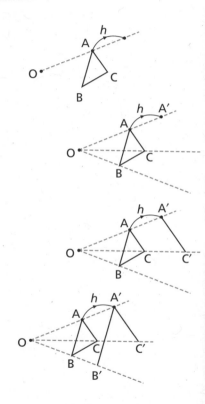

- on trace des demi-droites en traits pointillés passant par les sommets du triangle et le centre d'homothétie, le point A' est l'image du sommet A par l'homothétie *h* ;

- on trace une parallèle au côté AC et passant par A', le point de rencontre de la parallèle et de la demi-droite OC est le sommet C' ;

- on trace une parallèle au côté AB et passant par A', le point de rencontre de la parallèle et de la demi-droite OB est le sommet B' ;

- on relie les points B′ et C′.

Le triangle A′B′C′ est l'image du triangle ABC par l'homothétie h
de centre O.

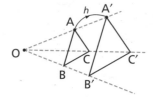

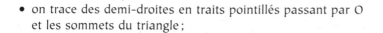

Pour tracer l'image du triangle ABC par une homothétie de centre O
si le rapport d'homothétie k est $\frac{17}{10}$, ...

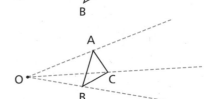

- on trace des demi-droites en traits pointillés passant par O
  et les sommets du triangle ;

- on mesure le segment OA et on trouve la mesure du segment
  OA′ à l'aide du rapport d'homothétie ;

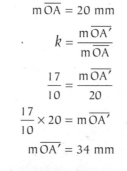

$$m\,\overline{OA} = 20 \text{ mm}$$

$$k = \frac{m\,\overline{OA'}}{m\,\overline{OA}}$$

$$\frac{17}{10} = \frac{m\,\overline{OA'}}{20}$$

$$\frac{17}{10} \times 20 = m\,\overline{OA'}$$

$$m\,\overline{OA'} = 34 \text{ mm}$$

87

- sur la demi-droite OA on situe le point A' à 34 mm du point O ;

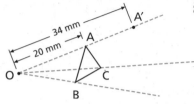

- on trace ensuite le côté A'C' parallèle au côté AC, le côté A'B' parallèle au côté AB et on relie les sommets B' et C' pour compléter le triangle A'B'C'.

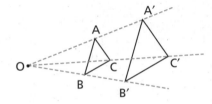

Le triangle A'B'C' est l'image du triangle ABC par une homothétie de centre O et de rapport $\dfrac{17}{10}$.

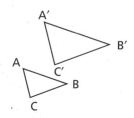

Le triangle A'B'C' est l'image du triangle ABC par une homothétie h.
Quel est le rapport d'homothétie ?

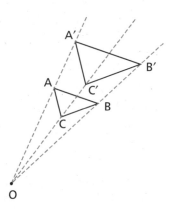

On situe le centre O de l'homothétie en traçant des demi-droites passant par les sommets homologues.

Le rapport d'homothétie k est donné par la valeur des rapports suivants :

$$k = \frac{m\,\overline{OA'}}{m\,\overline{OA}} = \frac{m\,\overline{OB'}}{m\,\overline{OB}} = \frac{m\,\overline{OC'}}{m\,\overline{OC}}$$

Sur la figure, $m\,\overline{OA'} = 42$ mm et $m\,\overline{OA} = 28$ mm.

Le rapport d'homothétie est donné par $\frac{42}{28}$ ou $\frac{3}{2}$.

Le rapport d'homothétie est $\frac{3}{2}$.

89

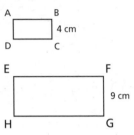

Le rapport de similitude compare les mesures de deux côtés homologues
de figures semblables.

Les deux rectangles ABCD et EFGH sont semblables, le rapport
de similitude est donné par $\frac{4}{9}$ ou $\frac{9}{4}$.

Lorsque deux figures sont semblables, les rapports des mesures
de deux côtés homologues sont tous égaux au rapport de similitude.

Si les deux triangles ABC et DEF sont semblables, alors

$$\frac{m\,\overline{AB}}{m\,\overline{DE}} = \frac{m\,\overline{BC}}{m\,\overline{EF}} = \frac{m\,\overline{AC}}{m\,\overline{DF}}$$

@ Éditions Marie-France
Merci de ne pas photocopier.

Quelle est la mesure du côté AB si les triangles ABC et DEF sont semblables ?

Si les triangles sont semblables, les mesures des côtés homologues déterminent une proportion.

$$\frac{m\,\overline{AB}}{m\,\overline{DE}} = \frac{m\,\overline{BC}}{m\,\overline{EF}}$$

$$\frac{m\,\overline{AB}}{42} = \frac{40}{50}$$

$$\frac{m\,\overline{AB}}{42} \times 42 = \frac{40}{50} \times 42$$

❚ Voir item 42

$$m\,\overline{AB} = 33,6 \text{ cm}$$

Le côté AB mesure 33,6 cm.

Les théorèmes sont des énoncés géométriques qu'on utilise pour rechercher la mesure d'un angle ou d'un segment dans la résolution d'un problème et pour justifier les étapes de la démarche utilisée.

Théorème 1

Des angles opposés par le sommet sont congrus.

$$m \angle AEB = m \angle CED$$

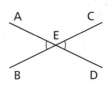

Théorème 2

Des angles adjacents dont les côtés extérieurs sont en ligne droite sont supplémentaires.

$$m \angle ADC + m \angle BDC = 180°$$

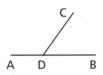

Théorème 3

La somme des mesures des angles intérieurs d'un triangle est de 180°.

$$m \angle A + m \angle B + m \angle C = 180°$$

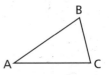

Théorème 4

Si une droite coupe deux droites parallèles, les angles alternes-internes, alternes-externes et correspondants sont congrus.

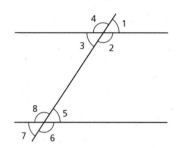

Les angles 2 et 8 (de même que 3 et 5) sont des angles alternes-internes.

Les angles 1 et 7 (de même que 4 et 6) sont des angles alternes-externes.

Les angles 1 et 5 (de même que 2 et 6, 3 et 7, 4 et 8) sont des angles correspondants.

Quadrilatères

Un **trapèze** a deux **côtés parallèles**. Les **bases** AB et CD sont parallèles.

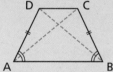

Dans un **trapèze isocèle**, les deux **côtés non parallèles** sont **congrus**.

Les **diagonales** AC et BD sont congrus.

$$\overline{AB} \parallel \overline{CD} \text{ et } m\overline{AD} = m\overline{BC}$$
$$m\overline{AC} = m\overline{BD}$$

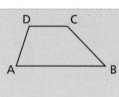

Un **trapèze rectangle** a **deux angles droits**.

$$m\angle A = m\angle D = 90°$$

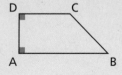

93

@ Éditions Marie-France
Merci de ne pas photocopier.

Les **côtés opposés** d'un **parallélogramme** sont **parallèles** et **congrus**.
Les **diagonales** AC et BD se coupent **en leur milieu**.

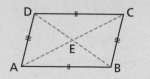

$$\overline{AB} \,/\!/ \, \overline{CD} \text{ et } \overline{AD} \,/\!/ \, \overline{BC}$$
$$m\overline{AB} = m\overline{CD} \text{ et } m\overline{AD} = m\overline{BC}$$
$$m\overline{AE} = m\overline{EC} \text{ et } m\overline{BE} = m\overline{ED}$$

Un **rectangle** est un **parallélogramme** avec **quatre angles droits**.
Les **diagonales** sont **congrues** et se coupent **en leur milieu**.

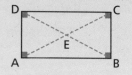

$$m\angle A = m\angle B = m\angle C = m\angle D = 90°$$
$$m\overline{AC} = m\overline{BD}$$

Un **losange** est un **parallélogramme** dont les **quatre côtés sont
congrus**. Les **diagonales** sont **perpendiculaires** et se coupent
en leur milieu.

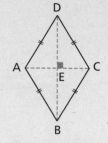

$$m\overline{AB} = m\overline{BC} = m\overline{CD} = m\overline{DA}$$
$$\overline{AC} \perp \overline{BD}$$

Un **carré** est un **losange** avec **quatre angles droits**. Les **diagonales**
sont **congrues**, **perpendiculaires** et se coupent **en leur milieu**.

$$m\angle A = m\angle B = m\angle C = m\angle D = 90°$$
$$m\overline{AE} = m\overline{EC} \text{ et } m\overline{BE} = m\overline{ED}$$

ABCD est un rectangle et les diagonales AC et BD se coupent en E.

Trouver m $\overline{EC}$ si m $\overline{DE}$ = 4 cm.

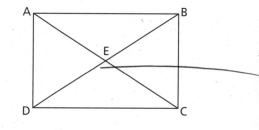

1) m $\overline{EB}$ = m $\overline{DE}$ = 4 cm car les diagonales d'un rectangle se coupent en leur milieu.

2) m $\overline{BD}$ = m $\overline{DE}$ + m $\overline{EB}$ = 4 + 4 = 8 cm.

3) m $\overline{AC}$ = m $\overline{BD}$ = 8 cm car les diagonales d'un rectangle sont congrues.

4) m $\overline{EC}$ = m $\overline{AC}$ ÷ 2 = 8 ÷ 2 = 4 cm car les diagonales d'un rectangle se coupent en leur milieu.

Le segment EC mesure 4 cm.

On a tracé la diagonale BD du trapèze ABCD et prolongé le côté AD.

Trouver la mesure de l'angle C si m $\overline{AD}$ = m $\overline{AB}$.

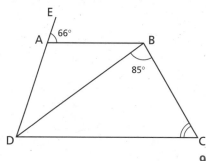

1) m $\angle$ BAD = 180 − 66 = 114° car des angles adjacents dont les côtés extérieurs sont en ligne droite sont supplémentaires.

2) Le triangle ABD est isocèle car m $\overline{AD}$ = m $\overline{AB}$.

3) m $\angle$ ADB = m $\angle$ ABD car dans un triangle isocèle, les angles opposés aux côtés congrus sont congrus.

4) m $\angle$ ADB = m $\angle$ ABD = $(180 - 114) \div 2 = 33°$ car la somme des mesures des angles intérieurs d'un triangle est de $180°$.

5) m $\angle$ ADC = m $\angle$ EAB = $66°$ car si une droite coupe deux droites parallèles, les angles correspondants sont congrus.

6) m $\angle$ BDC = m $\angle$ ADC – m $\angle$ ADB = $66 - 33 = 33°$.

7) m $\angle$ C = $180 - $ m $\angle$ BDC $-$ m $\angle$ DBC = $180 - 33 - 85 = 62°$ car la somme des mesures des angles intérieurs d'un triangle est de $180°$.

L'angle C mesure $62°$.

Item 62 — Tracer un polygone régulier

Pour tracer un **polygone régulier de *n* côtés**, on subdivise **un cercle en *n* arcs congrus** et on relie les points de subdivision voisins.

NOMBRE DE CÔTÉS	NOM	NOMBRE DE CÔTÉS	NOM
3	Triangle	8	Octogone
4	Quadrilatère	9	Ennéagone
5	Pentagone	10	Décagone
6	Hexagone	11	Hendécagone
7	Heptagone	12	Dodécagone

Pour tracer un heptagone régulier (7 côtés), ...

- on trace un cercle et un rayon;

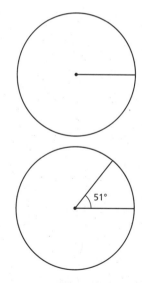

- à l'aide d'un rapporteur d'angle, on trace un angle dont le sommet est le centre du cercle et un côté est le rayon déjà tracé, la mesure de l'angle est donnée par 360° ÷ 7, soit approximativement 51°;

La mesure de l'angle est donnée par 360° divisé par le nombre de côtés.

- on place les deux pointes d'un compas sur les extrémités de l'arc ;

- on détermine les 5 autres points de subdivision à l'aide du compas ;

- on relie les points de subdivision voisins pour tracer l'heptagone.

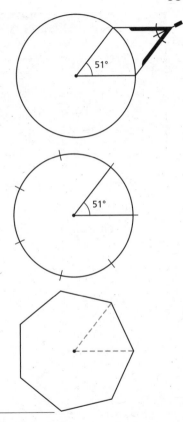

Les diagonales d'un carré sont **perpendiculaires** et partagent le carré en **quatre triangles rectangles isocèles.**

Pour tracer un carré...

- on trace un cercle et deux diamètres perpendiculaires ;

Voir item 45

- on relie les extrémités des diamètres pour tracer le carré.

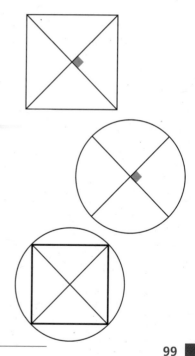

Géométrie • Items 62-63

Les **diagonales passant par le centre** d'un hexagone régulier le partagent en **six triangles équilatéraux congruents**.

Pour tracer un hexagone régulier...

- on trace un cercle et avec la même ouverture du compas, on reporte cette mesure sur le cercle;

- on relie les points voisins pour tracer l'hexagone régulier.

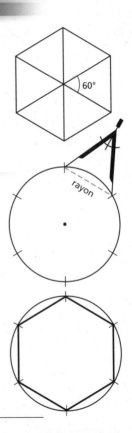

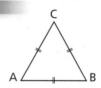

Les **trois côtés** d'un triangle équilatéral sont **congrus**.

Pour tracer un triangle équilatéral…

- on trace un segment AB qui sera un côté du triangle équilatéral ;

- on place les deux pointes d'un compas sur les extrémités du segment AB ;

- avec la même ouverture du compas, on trace deux arcs de cercle dont les centres sont A et B ;

A •————————————• B

- on relie le point d'intersection C des deux arcs aux points A et B pour tracer le triangle équilatéral ABC.

101

En reliant par des segments le centre d'un polygone régulier aux sommets, on subdivise le polygone en triangles isocèles congruents. Si le **polygone a n côtés**, on obtient **n triangles isocèles congruents**.

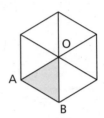

Les côtés OA et OB du triangle OAB
sont congrus.

Construire un pentagone régulier dont le périmètre est de 9 cm.

Chaque côté du pentagone mesure 9 ÷ 5, soit 1,8 cm.

Le pentagone régulier est séparé en cinq triangles isocèles par les segments reliant les sommets au centre du pentagone.

L'angle ACB compris entre les deux côtés congrus du triangle ABC mesure 360° ÷ 5, soit 72°.

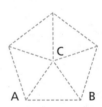

ABC est un triangle isocèle
et m $\overline{AC}$ = m $\overline{BC}$.

La somme des mesures des angles d'un triangle est 180°.

$$m\angle A + m\angle B + m\angle C = 180°$$

$$m\angle A + m\angle B + 72° = 180°$$

$$m\angle A + m\angle B + 72° - 72° = 180° - 72°$$

$$m\angle A + m\angle B = 108°$$

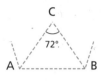

Puisque $m\angle A = m\angle B$, chacun de ces angles mesure 54°.

On doit donc construire un triangle isocèle dont le côté de 1,8 cm est compris entre deux angles congruents de 54°.

- On construit le triangle isocèle. ← Voir item 50

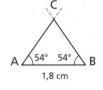

- On trace un cercle centré en C et passant par A et B. On place les deux pointes d'un compas sur les extrémités du côté AB.

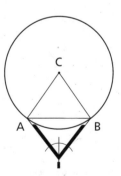

• On reporte cette mesure sur le cercle. On détermine ainsi les trois autres sommets du pentagone.

Le polygone ABDEF est un pentagone régulier de 9 cm de périmètre.

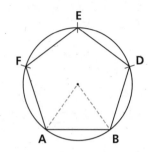

Construire un hexagone régulier dont chaque côté mesure 2 cm.

Les diagonales passant par le centre d'un hexagone régulier le partagent en six triangles équilatéraux congruents.

• On trace un cercle de 2 cm de rayon et avec la même ouverture du compas on reporte cette mesure sur le cercle. Les points ainsi déterminés sont les sommets de l'hexagone régulier.

Le polygone ABCDEF est un hexagone régulier dont chaque côté mesure 2 cm.

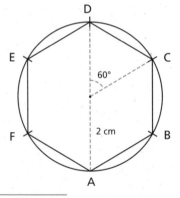

La somme des mesures des angles intérieurs d'un triangle est égale à 180°.

$$m\angle A + m\angle B + m\angle C = 180°$$

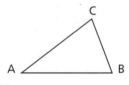

Les angles M et N du triangle MNO mesurent respectivement 48° et 70°. Quelle est la mesure de l'angle O ?

$$m\angle M + m\angle N + m\angle O = 180°$$

$$48° + 70° + m\angle O = 180°$$

$$118° + m\angle O = 180°$$

$$m\angle O = 62°$$

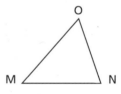

L'angle O mesure 62°.

105

L'angle A du triangle rectangle ABC mesure 34°. Quelle est la mesure de l'angle B ?

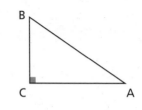

Le triangle est rectangle, l'angle C mesure 90°.

$$m\angle A + m\angle B + m\angle C = 180°$$
$$34° + m\angle B + 90° = 180°$$
$$m\angle B + 124° = 180°$$
$$m\angle B = 56°$$

L'angle B mesure 56°.

Le triangle DEF est isocèle, les côtés DE et DF sont congrus. Quelle est la mesure de l'angle F si l'angle D mesure 41° ?

Les angles E et F ont la même mesure car dans un triangle isocèle, les angles opposés aux côtés congrus sont congrus.

$$m\angle D + m\angle E + m\angle F = 180°$$
$$41° + m\angle F + m\angle F = 180°$$
$$41° + 2 \times m\angle F = 180°$$
$$2 \times m\angle F = 139°$$
$$m\angle F = 69,5°$$

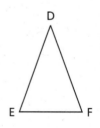

L'angle F mesure 69,5°.

La somme des mesures des angles intérieurs d'un polygone est égale à autant de fois 180° qu'il y a de côtés moins deux.

Si le **polygone a *n* côtés**, la **somme des mesures des angles** intérieurs est donnée par **$(n - 2) \times 180°$**.

Quelle est la mesure de l'angle D du pentagone ?

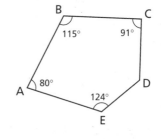

Le polygone a 5 côtés, la somme des mesures des angles est donnée par $(5 - 2) \times 180°$, soit 540°.

$$m \angle A + m \angle B + m \angle C + m \angle D + m \angle E = 540°$$

$$80° + 115° + 91° + m \angle D + 124° = 540°$$

$$m \angle D + 410° = 540°$$

$$m \angle D = 130°$$

L'angle D mesure 130°.

ZE
Pascale Daoust

Quelle est la mesure d'un angle intérieur d'un octogone régulier?

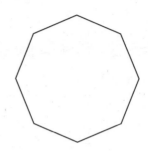

Tous les angles d'un polygone régulier sont congrus.

La somme des mesures des angles intérieurs d'un octogone est donnée par (8 − 2) × 180°, soit 1080°.

Chaque angle de l'octogone régulier mesure 1080° ÷ 8, soit 135°.

Chaque angle d'un octogone régulier mesure 135°.

Item 69 | Trouver le périmètre d'un polygone

Le **périmètre d'un polygone** est donné par la **somme des mesures des côtés** du polygone.

$+ \overset{\div}{\underset{=}{}} \times$

Quel est le périmètre du polygone?

Le périmètre est donné par 17 + 17 + 18 + 20 + 26, soit 98 cm.

Le périmètre est de 98 cm.

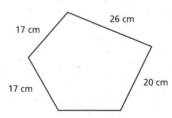

17 cm
26 cm
17 cm
20 cm
18 cm

$+ \overset{\div}{\underset{=}{}} \times$

Gabrielle Daoust 2F-Y ♡

Quel est le périmètre d'un hexagone régulier dont un côté mesure 10 cm ?

Un hexagone régulier possède 6 côtés qui ont la même mesure.

Le périmètre de l'hexagone est donné par 10×6, soit 60 cm.

Le périmètre est de 60 cm.

Item 70   Trouver la circonférence d'un cercle

La circonférence d'un cercle est donnée par la formule

$$C = 2\pi r$$

$\pi \approx 3{,}1416$

où r est le rayon du cercle et C est la circonférence du cercle.

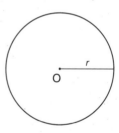

$+ \overline{\div} \times$

Géométrie • Items 68-69-70

Quelle est la circonférence du cercle dont le rayon est de 16 cm?

$$C = 2\pi r$$
$$C = 2 \times \pi \times 16$$
$$C = 2 \times 3,1416 \times 16$$
$$C \approx 100,53 \text{ cm}$$

La circonférence est de 100,53 cm.

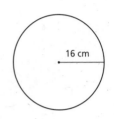

Quelle est la circonférence d'un cercle si son diamètre mesure 21 cm?

Le rayon du cercle est donné par 21 ÷ 2, soit 10,5 cm.

$$C = 2\pi r$$
$$C = 2 \times \pi \times 10,5$$
$$C \approx 65,97$$

La circonférence du cercle est de 65,97 cm.

La circonférence d'un cercle est de 80 m. Quel est le rayon de ce cercle?

$$C = 2\pi r$$
$$80 = 2 \times \pi \times r$$
$$80 \approx 2 \times 3,1416 \times r$$

$$80 \approx 6{,}2832 \times r$$

$$\frac{80}{6{,}2832} \approx \frac{6{,}2832 \times r}{6{,}2832}$$

$$r \approx 12{,}73 \text{ m}$$

Le rayon du cercle est de 12,73 m.

Ou

$$80 = 2 \times \pi \times r$$

$$\frac{80}{2\pi} = \frac{2\pi \times r}{2\pi}$$

$$r = \frac{80}{2\pi}$$

$$r \approx 12{,}73 \text{ m}$$

Item 71   Trouver la longueur d'un arc de cercle

Un **angle au centre** d'un cercle est un angle dont **les côtés sont deux rayons du cercle**.

L'angle au centre AOB intercepte l'arc AB.

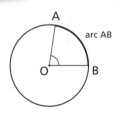

Un angle au centre de 360° intercepte un arc dont la longueur correspond à la circonférence du cercle.

111

La longueur d'un arc AB intercepté par un angle au centre de $n°$ est donnée par la proportion

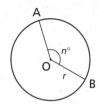

$$\frac{n°}{360°} = \frac{m\,\widehat{AB}}{2\pi r}$$

⟵ Longueur de l'arc AB.

⟵ La circonférence d'un cercle est donnée par la formule $C = 2\pi r$.

Quelle est la longueur de l'arc intercepté par un angle au centre de 110° dans un cercle de 4 cm de rayon ?

$$\frac{n°}{360°} = \frac{m\,\widehat{AB}}{2\pi r}$$

$$\frac{110}{360} = \frac{m\,\widehat{AB}}{2\pi \times 4}$$

$$\frac{110}{360} \approx \frac{m\,\widehat{AB}}{2 \times 3{,}1416 \times 4}$$

$$\frac{110}{360} \approx \frac{m\,\widehat{AB}}{25,1328}$$

$$110 \times 25,1328 \approx 360 \times m\,\widehat{AB}$$

$$\frac{110 \times 25,1328}{360} \approx \frac{360 \times m\,\widehat{AB}}{360}$$

$$m\,\widehat{AB} \approx 7,68 \text{ m}$$

La longueur de l'arc AB est de 7,68 cm.

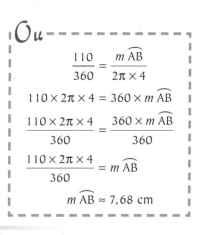

Ou

$$\frac{110}{360} = \frac{m\,\widehat{AB}}{2\pi \times 4}$$

$$110 \times 2\pi \times 4 = 360 \times m\,\widehat{AB}$$

$$\frac{110 \times 2\pi \times 4}{360} = \frac{360 \times m\,\widehat{AB}}{360}$$

$$\frac{110 \times 2\pi \times 4}{360} = m\,\widehat{AB}$$

$$m\,\widehat{AB} \approx 7,68 \text{ cm}$$

+ ÷ ×

Un angle au centre de 140° intercepte sur le cercle un arc de 80 cm.
Quel est le rayon du cercle?

$$\frac{n°}{360°} = \frac{m\,\widehat{AB}}{2\pi r}$$

$$\frac{140}{360} = \frac{80}{2\pi r}$$

$$140 \times 2 \times \pi \times r = 80 \times 360$$

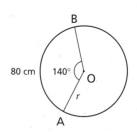

Géométrie • Item 71

$$r = \frac{80 \times 360}{140 \times 2 \times \pi}$$

$$r \approx 32,74 \text{ cm}$$

Le rayon du cercle est de 32,74 cm.

Un angle au centre d'un cercle intercepte un arc de 10 m. Quelle est la mesure de l'angle au centre si le rayon du cercle est de 20 m ?

$$\frac{n°}{360°} = \frac{m\,\widehat{AB}}{2\pi r}$$

$$\frac{n}{360} = \frac{10}{2 \times \pi \times 20}$$

$$n \times 2 \times \pi \times 20 = 360 \times 10$$

$$\frac{n \times 2 \times \pi \times 20}{2 \times \pi \times 20} = \frac{360 \times 10}{2 \times \pi \times 20}$$

$$n = \frac{360 \times 10}{2 \times \pi \times 20}$$

$$n \approx 28,6°$$

L'angle au centre mesure 28,6°.

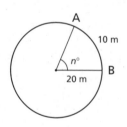

Ou

$$\frac{140}{360} \approx \frac{80}{2 \times 3,1416 \times r}$$

$$\frac{140}{360} \approx \frac{80}{6,2832r}$$

$$140 \times 6,2832r \approx 80 \times 360$$

$$879,648r \approx 28\,800$$

$$\frac{879,648r}{879,648} \approx \frac{28\,800}{879,648}$$

$$r \approx 32,74 \text{ cm}$$

Ou

$$\frac{n}{360} = \frac{10}{2 \times \pi \times 20}$$

$$\frac{n}{360} \approx \frac{10}{2 \times 3,1416 \times 20}$$

$$\frac{n}{360} \approx \frac{10}{125,664}$$

$$125,664n \approx 10 \times 360$$

$$\frac{125,664n}{125,664} \approx \frac{3600}{125,664}$$

$$n \approx 28,6°$$

L'aire d'un carré est obtenue en élevant au carré la mesure d'un côté du carré.

$$A = c^2$$

Trouver l'aire d'un carré dont un côté mesure 5 cm.

$$A = c^2$$
$$A = 5^2$$
$$A = 25 \text{ cm}^2$$

L'aire du carré est de 25 cm².

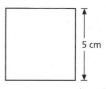

L'aire d'un carré est de 144 m². Quelle est la mesure d'un côté du carré ?

$$A = c^2$$
$$144 = c^2$$
$$c = \sqrt{144}$$
$$c = 12 \text{ m}$$

Chaque côté du carré mesure 12 m.

A = 144 m²

115

L'aire d'un rectangle est donnée par le produit de sa base par sa hauteur.

$$A = b \times h$$

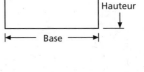

Quelle est l'aire du rectangle ABCD ?

$$A = b \times h$$
$$A = 10 \times 4$$
$$A = 40 \text{ cm}^2$$

L'aire du rectangle est de 40 cm².

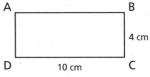

L'aire d'un rectangle est de 84 m². Quelle est la mesure de sa base si sa hauteur mesure 22 m ?

$$A = b \times h$$
$$84 = b \times 22$$
$$\frac{84}{22} = \frac{b \times 22}{22}$$
$$b \approx 3,82 \text{ m}$$

La base du rectangle mesure 3,82 m.

L'aire d'un triangle est donnée par le demi-produit de sa base par sa hauteur.

$$A = \frac{b \times h}{2}$$

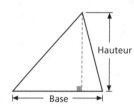

Hauteur
Base

Quelle est l'aire du triangle ABC ?

La base mesure 14 cm et la hauteur mesure 8 cm.

$$A = \frac{b \times h}{2}$$

$$A = \frac{14 \times 8}{2}$$

$$A = 56 \text{ cm}^2$$

L'aire du triangle est de 56 cm².

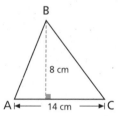

B

8 cm

A ◄── 14 cm ──► C

117

L'aire du triangle ABC est de 160 cm². Quelle est la mesure de la base
AB si la hauteur est de 20 cm ?

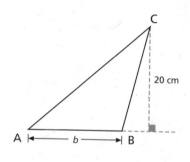

$$A = \frac{b \times h}{2}$$

$$160 = \frac{b \times 20}{2}$$

$$160 = b \times 10$$

$$\frac{160}{10} = \frac{b \times 10}{10}$$

$$b = 16 \text{ cm}$$

La base AB mesure 16 cm.

Item 75 — Trouver l'aire d'un parallélogramme

L'aire d'un parallélogramme est donnée par le produit
de sa base par sa hauteur.

$$A = b \times h$$

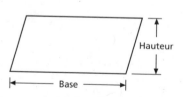

Quelle est l'aire du parallélogramme?

La base du parallélogramme mesure 22 cm et sa hauteur mesure 10 cm.

$$A = b \times h$$
$$A = 22 \times 10$$
$$A = 220 \text{ cm}^2$$

L'aire du parallélogramme est de 220 cm².

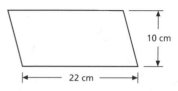

L'aire d'un parallélogramme est de 71,68 m². Quelle est la hauteur du parallélogramme si sa base mesure 6,4 m?

$$A = b \times h$$
$$71{,}68 = 6{,}4 \times h$$
$$\frac{71{,}68}{6{,}4} = \frac{6{,}4 \times h}{6{,}4}$$
$$h = 11{,}2 \text{ m}$$

La hauteur du parallélogramme est de 11,2 m.

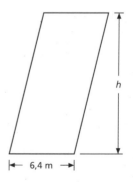

119

L'aire d'un trapèze est donnée par le demi-produit de la somme de ses bases par la hauteur.

$$A = \frac{(B + b) \times h}{2}$$

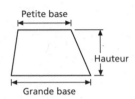

Trouver l'aire du trapèze ABCD.

La grande base mesure 58 cm, d'où B = 58 cm.

La petite base mesure 25 cm, d'où b = 25 cm.

La hauteur mesure 30 cm, d'où h = 30 cm.

$$A = \frac{(B + b) \times h}{2}$$

$$A = \frac{(58 + 25) \times 30}{2}$$

$$A = \frac{83 \times 30}{2}$$

$$A = \frac{2490}{2}$$

$$A = 1245 \text{ cm}^2$$

L'aire du trapèze est de 1245 cm².

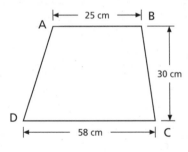

Quelle est la mesure de la petite base du trapèze si son aire est de 9,96 m² ?

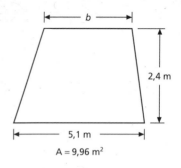

A = 9,96 m²

$$A = \frac{(B + b) \times h}{2}$$

$$9,96 = \frac{(5,1 + b) \times 2,4}{2}$$

$$9,96 \times 2 = \frac{(5,1 + b) \times 2,4}{2} \times 2$$

$$19,92 = (5,1 + b) \times 2,4$$

$$19,92 = 12,24 + 2,4b$$ ◄ —— Distributivité

$$19,92 - 12,24 = 12,24 + 2,4b - 12,24$$

$$7,68 = 2,4b$$

$$\frac{7,68}{2,4} = \frac{2,4b}{2,4}$$

$$b = 3,2 \text{ m}$$

La petite base du trapèze mesure 3,2 m.

L'aire d'un losange est donnée par le demi-produit de la grande diagonale par la petite diagonale.

$$A = \frac{D \times d}{2}$$

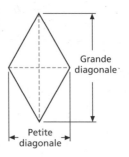

Grande diagonale

Petite diagonale

Les diagonales d'un losange mesurent 20 cm et 12 cm. Quelle est l'aire de ce losange ?

La grande diagonale mesure 20 cm et la petite diagonale mesure 12 cm.

$$A = \frac{D \times d}{2}$$

$$A = \frac{20 \times 12}{2}$$

$$A = 120 \text{ cm}^2$$

L'aire du losange est de 120 cm².

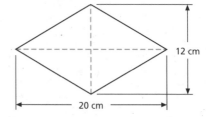

12 cm

20 cm

La grande diagonale d'un losange mesure 24 m. Quelle est la mesure de la petite diagonale du losange si son aire est de 216 m² ?

$$A = \frac{D \times d}{2}$$

$$216 = \frac{24 \times d}{2}$$

$$216 = 12d$$

$$216 \div 12 = 12d \div 12$$

$$d = 18 \text{ m}$$

La petite diagonale mesure 18 m.

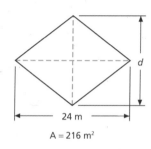

A = 216 m²

Item 78 — Trouver l'aire d'un polygone régulier

Un polygone régulier se divise en autant de triangles congruents que le polygone a de côtés. Un polygone régulier de **n côtés est partagé en n triangles congruents** par les segments reliant le centre aux sommets du polygone. L'aire d'un polygone régulier est donnée par le produit de l'aire d'un de ces triangles par le nombre de côtés du polygone.

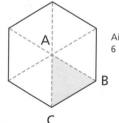

Aire de l'hexagone =
6 × Aire du △ ABC

@ Éditions Marie-France
Merci de ne pas photocopier.

Géométrie • Items 77-78

Chaque côté d'un pentagone régulier mesure 16 cm et l'apothème mesure 11 cm. Quelle est l'aire du pentagone ?

La base du triangle ABO mesure 16 cm et sa hauteur mesure 11 cm. L'apothème OH est la hauteur du triangle ABO.

Aire du triangle ABO $= \dfrac{b \times h}{2}$

Aire du triangle ABO $= \dfrac{16 \times 11}{2} = 88$ cm²

L'aire du pentagone régulier est donnée par le produit de l'aire du triangle ABO par le nombre de côtés soit 5.

Aire du pentagone $= 5 \times 88 = 440$ cm²

L'aire du pentagone est de 440 cm².

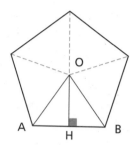

L'apothème OH mesure 11 cm.

Item 79 — Trouver l'aire d'un disque

L'aire d'un disque est donnée par la formule

$$A = \pi r^2$$

$\pi \approx 3{,}1416$

où *r* est le rayon du disque et A est l'aire du disque.

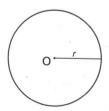

$+ \div \times$

Le rayon d'un disque est de 8 cm. Quelle est l'aire de ce disque ?

$$A = \pi r^2$$
$$A = \pi \times 8^2$$
$$A \approx 201,06 \text{ cm}^2$$

L'aire du disque est de 201,06 cm².

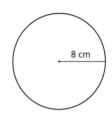

8 cm

Quel est le diamètre d'un disque si son aire est de 2 m² ?

$$A = \pi r^2$$
$$2 \approx 3,1416 \times r^2$$
$$\frac{2}{3,1416} \approx \frac{3,1416 \times r^2}{3,1416}$$
$$0,6366 \approx r^2$$
$$\sqrt{0,6366} \approx r$$
$$0,7979 \approx r$$

Le diamètre du disque est donné par 2 × 0,7979, soit 1,5958 m.

Le diamètre du disque est de 1,5958 m.

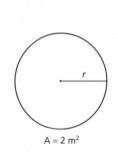

r

$A = 2 \text{ m}^2$

𝒪u

$$2 = \pi \times r^2$$
$$\frac{2}{\pi} = \frac{\pi \times r^2}{\pi}$$
$$\frac{2}{\pi} = r^2$$
$$r = \sqrt{\frac{2}{\pi}}$$
$$r \approx 0,7979 \text{ m}$$

125

Un **angle au centre** d'un cercle est un angle dont le sommet est le centre du cercle et les côtés sont deux rayons du cercle.

La région du disque située à l'intérieur de l'angle au centre AOB est un **secteur circulaire**.

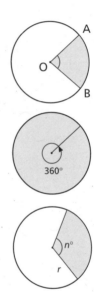

Un angle au centre de 360° correspond à un secteur circulaire dont l'aire est celle du disque.

L'aire d'un secteur circulaire déterminé par un angle au centre de $n°$ est donnée par la formule

$$\frac{n°}{360°} = \frac{\text{Aire du secteur}}{\pi r^2}$$

L'aire d'un disque est donnée par la formule $A = \pi r^2$.

Quelle est l'aire du secteur circulaire AOB ?

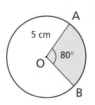

Le rayon du disque est de 5 cm et la mesure de l'angle au centre associé au secteur est de 80°.

$$\frac{n°}{360°} = \frac{\text{Aire du secteur}}{\pi r^2}$$

A désigne l'aire du secteur AOB.

$$\frac{80}{360} = \frac{A}{\pi \times 5^2}$$

$$360 \times A = 80 \times \pi \times 5^2$$

$$\frac{360 \times A}{360} = \frac{80 \times \pi \times 5^2}{360}$$

$$A = \frac{80 \times \pi \times 5^2}{360}$$

$$A \approx 17,45 \text{ cm}^2$$

L'aire du secteur circulaire est de 17,45 cm².

Ou

$$\frac{80}{360} \approx \frac{A}{3,1416 \times 5^2}$$

$$\frac{80}{360} \approx \frac{A}{78,54}$$

$$80 \times 78,54 \approx 360 \times A$$

$$6283,2 \approx 360 \times A$$

$$\frac{6283,2}{360} \approx \frac{360 \times A}{360}$$

$$A \approx 17,45 \text{ cm}^2$$

Un angle au centre de 150° d'un disque détermine un secteur circulaire dont l'aire est de 90 cm². Quel est le rayon du disque ?

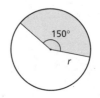

Aire du secteur = 90 cm²

$$\frac{n°}{360°} = \frac{\text{Aire du secteur}}{\pi r^2}$$

$$\frac{150}{360} = \frac{90}{\pi \times r^2}$$

$$150 \times \pi \times r^2 = 90 \times 360$$

$$\frac{150 \times \pi \times r^2}{150 \times \pi} = \frac{90 \times 360}{150 \times \pi}$$

$$r^2 = \frac{90 \times 360}{150 \times \pi}$$

$$r^2 \approx 68,7549$$

$$\sqrt{r^2} \approx \sqrt{68,7549}$$

$$r \approx 8,29 \text{ cm}$$

Le rayon du cercle est de 8,29 cm.

$\mathcal{O}u$

$$\frac{150}{360} = \frac{90}{\pi \times r^2}$$

$$\frac{150}{360} \approx \frac{90}{3,1416 \times r^2}$$

$$150 \times 3,1416 \times r^2 \approx 90 \times 360$$

$$471,24 \times r^2 \approx 32\,400$$

$$\frac{471,24 \times r^2}{471,24} \approx \frac{32\,400}{471,24}$$

$$r^2 \approx 68,7548$$

$$r \approx 8,29 \text{ cm}$$

L'aire d'un secteur circulaire d'un disque de 20 cm de rayon est de 600 cm². Quelle est la mesure de l'angle au centre associé à ce secteur circulaire ?

Aire du secteur = 600 cm²

$$\frac{n°}{360°} = \frac{\text{Aire du secteur}}{\pi r^2}$$

$$\frac{n}{360} = \frac{600}{\pi \times 20^2}$$

$$n \times \pi \times 20^2 = 600 \times 360$$

$$\frac{n \times \pi \times 20^2}{\pi \times 20^2} = \frac{600 \times 360}{\pi \times 20^2}$$

$$n = \frac{600 \times 360}{\pi \times 20^2}$$

$$n \approx 171,9°$$

L'angle au centre mesure 171,9°.

Ou

$$\frac{n}{360} = \frac{600}{\pi \times 20^2}$$

$$\frac{n}{360} \approx \frac{600}{3,1416 \times 20^2}$$

$$\frac{n}{360} \approx \frac{600}{1256,64}$$

$$1256,64 \times n \approx 600 \times 360$$

$$\frac{1256,64 \times n}{1256,64} \approx \frac{216\,000}{1256,64}$$

$$n \approx 171,9°$$

@ Éditions Marie-France
Merci de ne pas photocopier.

Géométrie • Item 80

Pour trouver l'aire d'une région donnée d'une figure, on doit à l'occasion partager la figure à l'aide de segments pour obtenir des triangles ou des quadrilatères. On additionne ou soustrait les aires pour obtenir l'aire de la région donnée.

Trouver l'aire de la région ombrée si ABDE est un rectangle et si le rayon du cercle est de 2 cm.

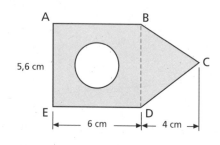

L'aire de la région ombrée est obtenue en soustrayant l'aire du cercle de la somme des aires du rectangle ABDE et du triangle BCD.

Aire du rectangle ABDE $= b \times h = 6 \times 5{,}6 = 33{,}6$ cm²

Aire du triangle BDC $= \dfrac{b \times h}{2} = \dfrac{5{,}6 \times 4}{2} = 11{,}2$ cm²

Aire du cercle $= \pi \times r^2 = \pi \times 2^2 \approx 3{,}1416 \times 4 \approx 12{,}5664$ cm²

L'aire de la région ombrée est donnée par $33{,}6 + 11{,}2 - 12{,}5664$, soit $32{,}2336$ cm².

Les six faces d'un cube ont la même aire.

L'aire latérale d'un cube correspond à l'aire des quatre faces verticales du cube.

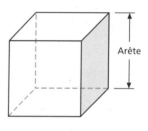

Arête

> Aire latérale = 4 × Aire d'une face

L'aire totale d'un cube correspond à l'aire des six faces du cube.

> Aire totale = 6 × Aire d'une face

Quelle est l'aire latérale d'un cube dont l'arête mesure 15 cm ?

L'aire d'une face du cube est donnée par la formule
$A = c^2$ où c est la mesure d'un côté du carré.

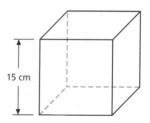

15 cm

Aire d'une face = 15^2 = 225 cm²
Aire latérale = 4 × Aire d'une face
Aire latérale = 4 × 225
Aire latérale = 900 cm²

L'aire latérale du cube est de 900 cm².

131

L'arête d'un cube mesure 1,6 m. Quelle est l'aire totale du cube ?

L'aire d'une face du cube est donnée par la formule $A = c^2$
où c est la mesure d'un côté du carré.

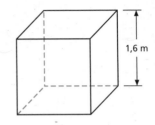

1,6 m

$$\text{Aire d'une face} = 1,6^2 = 2,56 \text{ m}^2$$
$$\text{Aire totale} = 6 \times \text{Aire d'une face}$$
$$\text{Aire totale} = 6 \times 2,56$$
$$\text{Aire totale} = 15,36 \text{ m}^2$$

L'aire totale du cube est de 15,36 m².

L'aire totale d'un cube est de 120 cm². Quelle est la mesure de l'arête
du cube ?

A désigne l'aire
d'une face.

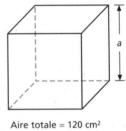

a

Aire totale = 120 cm²

$$\text{Aire totale} = 6 \times \text{Aire d'une face}$$
$$120 = 6 \times A$$
$$\frac{120}{6} = \frac{6 \times A}{6}$$
$$20 = A$$

L'aire d'une face est de 20 cm².

La mesure de l'arête est égale à la mesure d'un côté d'un carré
dont l'aire est de 20 cm².

L'aire d'un carré est donnée par la formule $A = c^2$
où c est la mesure d'un côté du carré.

$$A = c^2$$
$$20 = c^2$$
$$\sqrt{20} = c$$
$$c \approx 4,47 \text{ cm}$$

L'arête du cube mesure 4,47 cm.

Item 83 | Trouver l'aire latérale ou l'aire totale d'un prisme

Un prisme a six faces.

Les **faces opposées** ont la **même aire**.

L'**aire latérale** d'un prisme est la **somme des aires des quatre faces perpendiculaires à la base** du prisme.

L'**aire totale** d'un prisme est la **somme des aires des six faces** du prisme.

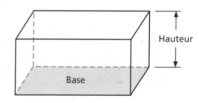

+ ÷ ×

Quelle est l'aire totale du prisme droit ?

Deux faces du prisme sont des rectangles de 8 cm par 5 cm. L'aire de chacun de ces rectangles est donnée par 8 × 5, soit 40 cm².

Deux autres faces du prisme sont des rectangles de 2 cm par 5 cm. L'aire de chacun de ces rectangles est donnée par 2 × 5, soit 10 cm².

Finalement, deux autres faces sont des rectangles de 2 cm par 8 cm. L'aire de chacun de ces rectangles est donnée par 2 × 8, soit 16 cm².

L'aire totale du prisme est la somme des aires des six faces du prisme.

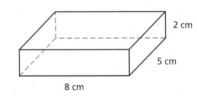

$$\text{Aire totale} = 2 \times 40 + 2 \times 10 + 2 \times 16$$
$$\text{Aire totale} = 132 \text{ cm}^2$$

L'aire totale du prisme est de 132 cm².

Item 84 — Trouver l'aire latérale ou l'aire totale d'un cylindre

Le développement d'un cylindre montre que l'aire latérale du cylindre correspond à l'aire d'un rectangle. La base du rectangle est donnée par la circonférence du disque à la base du cylindre. La hauteur du rectangle est la hauteur du cylindre.

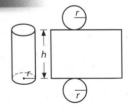

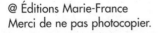

Aire latérale = Aire d'un rectangle
Aire latérale = Base du rectangle × Hauteur du rectangle
Aire latérale = Circonférence du disque × Hauteur du cylindre

$\boxed{\text{Aire latérale} = 2\pi r \times h}$ ←

> r est le rayon du cylindre
> h est la hauteur du cylindre

L'aire totale du cylindre est donnée par la somme de l'aire latérale et du double de l'aire du disque à la base.

Aire totale = Aire latérale + 2 × Aire de la base

$\boxed{\text{Aire totale} = 2\pi rh + 2\pi r^2}$

Le rayon d'un cylindre est de 5 cm et sa hauteur est de 8 cm.
Quelle est l'aire totale du cylindre ?

Aire latérale = $2\pi rh$
Aire latérale = $2 \times \pi \times 5 \times 8$
Aire latérale ≈ 251,33 cm²

Aire totale = Aire latérale + 2 × Aire de la base
Aire totale = $251,33 + 2 \times \pi r^2$
Aire totale = $251,33 + 2 \times \pi \times 5^2$
Aire totale ≈ 408,41 cm²

L'aire totale du cylindre est de 408,41 cm².

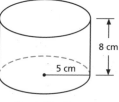

8 cm

5 cm

$r = 5$ cm et $h = 8$ cm

135

La hauteur d'un cylindre est de 4,6 cm. Quel est le rayon du cylindre si l'aire latérale est de 20,56 cm² ?

$$\text{Aire latérale} = 2\pi rh$$
$$20,56 = 2 \times \pi \times r \times 4,6$$
$$20,56 = 9,2 \times \pi \times r$$
$$\frac{20,56}{9,2 \times \pi} = \frac{9,2 \times \pi \times r}{9,2 \times \pi}$$
$$r = \frac{20,56}{9,2 \times \pi}$$
$$r \approx 0,71 \text{ cm}$$

Le rayon du cylindre est de 0,71 cm.

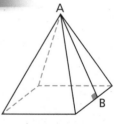

Aire latérale = 20,56 cm²

4,6 cm

r

Item 85   Trouver l'aire latérale ou l'aire totale d'une pyramide

Une pyramide est un solide dont la base est un polygone et dont les faces latérales sont des triangles.

L'**aire latérale** de la pyramide est la **somme des aires des triangles**.

L'**aire totale** est la somme de l'**aire latérale et de l'aire de la base**.

$\overline{AB}$ = est l'apothème de la pyramide

$+\stackrel{\div}{=}\times$

La base d'une pyramide droite est un carré de 6 cm de côté.
L'apothème mesure 8 cm. Quelle est l'aire totale de la pyramide ?

La base est un carré, son aire est donnée par 6^2, soit 36 cm².

L'aire latérale est donnée par la somme des aires de 4 triangles congruents. La base d'un triangle est de 6 cm et sa hauteur est de 8 cm. L'aire d'un de ces triangles est donnée par la formule $\frac{b \times h}{2}$.

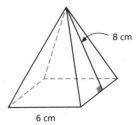

8 cm

6 cm

$$\text{Aire d'un triangle} = \frac{6 \times 8}{2} = 24 \text{ cm}^2$$

Aire latérale = 4 × Aire d'un triangle
Aire latérale = 4 × 24 = 96 cm²

L'aire totale de la pyramide est la somme de l'aire de la base (36 cm²) et de l'aire latérale (96 cm²), soit 132 cm².

L'aire totale de la pyramide est de 132 cm².

On trouve l'aire d'un solide en additionnant ou soustrayant les aires des faces obtenues en décomposant s'il y a lieu le solide en prisme, cube, pyramide ou cylindre.

Une pièce de bois ayant la forme d'un prisme est percée d'un trou cylindrique à l'aide d'une perceuse. Trouve l'aire totale du solide si le rayon du cylindre est de 2 cm.

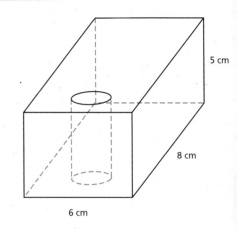

L'aire totale du solide est donnée par la somme de l'aire totale du prisme et de l'aire latérale du cylindre moins les aires des deux cercles.

Aire totale du solide = Aire totale du prisme + Aire latérale du cylindre − 2 × Aire du cercle

Aire totale du prisme = $2 \times (6 \times 8) + 2 \times (6 \times 5) + 2 \times (5 \times 8)$
$= 2 \times 48 + 2 \times 30 + 2 \times 40 = 236 \text{ cm}^2$

Aire latérale du cylindre = $2\pi r \times h = 2 \times \pi \times 2 \times 5 \approx 62{,}83 \text{ cm}^2$

Aire d'un cercle = $\pi r^2 = \pi \times 2^2 \approx 12{,}57 \text{ cm}^2$

Aire totale du solide = $236 + 62{,}83 - 2 \times 12{,}57 = 273{,}69 \text{ cm}^2$

L'aire totale du solide est de 273,69 cm².

Une **expérience** est **aléatoire** si elle est attribuable uniquement au hasard.

> Lancer un dé numéroté de 1 à 6 est une expérience aléatoire.

Une expérience aléatoire est composée de plusieurs **événements** qui sont eux-mêmes composés de **résultats**.

> Obtenir un nombre pair est un événement avec 3 résultats possibles : 2, 4 et 6.

Le **dénombrement** est l'ensemble des résultats possibles d'une expérience aléatoire. L'ensemble des résultats possibles est appelé Oméga et est noté par la lettre grecque Ω.

> Lors du lancer d'un dé, on a 6 résultats possibles. $\Omega = \{1, 2, 3, 4, 5, 6\}$

On utilise surtout trois modes de représentation pour trouver l'ensemble des résultats possibles d'une expérience aléatoire.

1. Diagramme en arbre
2. Grille
3. Réseau

139

1. Diagramme en arbre

À l'aide d'un diagramme en arbre, on peut illustrer tous les nombres à deux chiffres qui peuvent être formés en tournant les deux roues.

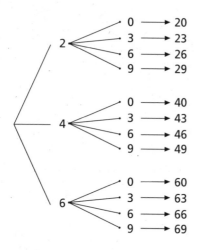

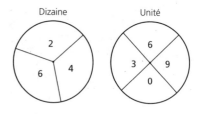

Le nombre de résultats possibles est donné par 3 × 4, soit 12 possibilités.

2. Grille

On utilise une grille pour trouver les cas possibles lorsque l'expérience aléatoire fait intervenir seulement deux composantes.

Sommes des résultats lorsqu'on lance deux dés identiques

	●	●●	●●●	●●●●	●●●●●	●●●●●●
●	2	3	4	5	6	7
●●	3	4	5	6	7	8
●●●	4	5	6	7	8	9
●●●●	5	6	7	8	9	10
●●●●●	6	7	8	9	10	11
●●●●●●	7	8	9	10	11	12

Le nombre de résultats possibles est donné par 6 × 6, soit 36 possibilités.

3. Réseau

On utilise un réseau pour trouver les cas possibles lorsque l'expérience aléatoire fait intervenir plus de deux composantes. Un réseau est surtout efficace pour les situations impliquant les transports.

Un homme d'affaires doit partir de Québec pour se rendre à Montréal en passant par Sherbrooke et revenir directement de Montréal à Québec. Le réseau ci-dessous représente les différents moyens de transport qu'il peut utiliser.

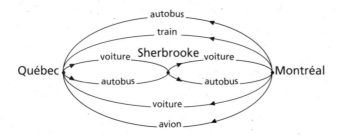

Le nombre de résultats possibles est donné par 2 × 2 × 4, soit 16 possibilités.

La **probabilité d'un événement** est donnée par un rapport :

$$\text{Probabilité} = \frac{\text{Nombre de résultats \textbf{favorables} de l'événement}}{\text{Nombre de résultats \textbf{possibles} de l'expérience}}$$

> Lors du lancer d'un dé, la probabilité d'obtenir 3 est de $\frac{1}{6}$.
>
> P(obtenir 3) = $\frac{1}{6}$

La probabilité d'un **événement impossible** est 0.

> La probabilité d'obtenir 8 est nulle.
>
> P(obtenir 8) = 0

La probabilité d'un **événement certain** est 1.

> La probabilité d'obtenir un nombre plus petit que 10 est 1.
>
> P(obtenir un nombre < 10) = 1

Lors d'une même expérience aléatoire, **deux événements sont complémentaires** s'ils n'ont aucun résultat commun et si l'union de leurs résultats est Ω, l'ensemble de tous les résultats possibles. L'événement complémentaire à l'événement A est noté A'.

> Les événements « obtenir un nombre pair » et « obtenir un nombre impair » sont des événements complémentaires.

143

On pige une carte d'un jeu de cartes ordinaire. L'événement A est «piger une carte de cœur». Alors...

$$P(A) = \frac{\text{Nombre de cartes de cœur}}{\text{Nombre de cartes du jeu}} = \frac{13}{52} = \frac{1}{4}$$

A' est l'événement «piger une carte de pique, carreau ou trèfle».

$$P(A') = \frac{\text{Nombre de cartes de pique, carreau ou trèfle}}{\text{Nombre de cartes du jeu}} = \frac{39}{52} = \frac{3}{4}$$

$$P(A) + P(A') = 1$$

Item 89 — Trouver la probabilité d'un événement lors d'un tirage avec remise ou sans remise

Dans une **expérience aléatoire composée**, la **probabilité d'un résultat** est égale au **produit des probabilités** de chacune des étapes.

$+ \overline{\div} \times$

@ Éditions Marie-France
Merci de ne pas photocopier.

Un sac contient 8 billes : 3 billes rouges et 5 billes vertes. Quelle est la probabilité de tirer deux billes vertes ?

Avec remise :

Premier tirage, P(verte) $= \dfrac{5}{8}$ Il y a 8 billes dans le sac dont 5 vertes.

Deuxième tirage, P(verte) $= \dfrac{5}{8}$ La bille est remise dans le sac, le dénominateur est encore 8.

La probabilité de tirer deux billes vertes s'il y a remise est donnée par $\dfrac{5}{8} \times \dfrac{5}{8}$, soit $\dfrac{25}{64}$.

Sans remise :

           Il y a 8 billes dans le sac dont 5 vertes.

Premier tirage, P(verte) $= \dfrac{5}{8}$

Deuxième tirage, P(verte) $= \dfrac{4}{7}$ La bille du premier tirage n'est pas remise dans le sac, il reste 7 billes dont 4 vertes.

La probabilité de tirer deux billes vertes s'il n'y a pas remise est donnée par $\dfrac{5}{8} \times \dfrac{4}{7}$, soit $\dfrac{20}{56}$ ou $\dfrac{5}{14}$.

La **moyenne d'une distribution** est obtenue en divisant **la somme** des données **par le nombre** de données.

$$\text{Moyenne} = \frac{\text{Somme des données}}{\text{Nombre de données}}$$

$+ \div \times$ ◼━━━━━━━━━━━━━━━━━━━━━━━━━━━

Quelle est la moyenne des cinq résultats suivants ?

79 %, 54 %, 48 %, 82 %, 71 %

$$\text{Moyenne} = \frac{79 + 54 + 48 + 82 + 71}{5} = \frac{334}{5} = 66,8$$

La moyenne est de 66,8 %.

Item 91 | Trouver l'étendue d'une distribution de données

L'**étendue d'une distribution** est la **différence** entre la **plus grande** donnée et la **plus petite** donnée de la distribution.

$+ \div \times$ ◼━━━━━━━━━━━━━━━━━━━━━━━━━━━

Quelle est l'étendue de la distribution suivante ?

Taille en cm de 6 élèves : 172, 161, 167, 186, 179, 166

La plus grande donnée est 186 et la plus petite donnée est 161.

L'étendue est donnée par 186 − 161, soit 25.

L'étendue est 25 cm.

Item 92 — Construire un tableau de distribution

On construit un **tableau de distribution** à partir d'une cueillette de données.

Un tableau de distribution doit contenir…

- le titre,
- les sous-titres,
- les réponses possibles,
- l'effectif pour chaque réponse, c'est-à-dire le nombre de fois que la réponse est choisie,
- la fréquence relative pour chaque réponse, c'est-à-dire le résultat exprimé en pourcentage lorsqu'on divise l'effectif de la réponse par le nombre total de réponses.

147

Activités préférées par les élèves de 1re secondaire de l'école Horizon

ACTIVITÉS		EFFECTIFS	FRÉQUENCES RELATIVES
	Golf	32	29,1 %
	Tennis	16	14,5 %
	Pêche	8	7,3 %
	Vélo	54	49,1 %
	Total	110	100 %

La fréquence relative pour le golf, par exemple, est obtenue en écrivant le rapport de l'effectif (32) sur le total des effectifs (110) sous la forme d'un pourcent.

Voir item 34

$$\text{Fréquence relative} = \frac{32}{110} \approx 0,291 \approx 0,291 \times \frac{100}{100} \approx \frac{29,1}{100} \approx 29,1\%$$

Un **diagramme à bandes** comprend…

- un titre,
- des axes bien identifiées avec les sous-titres,
- des bandes dont la longueur représente l'effectif.

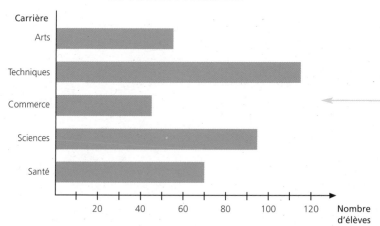

Choix de carrière des élèves de l'école Frontenac

Un diagramme à bandes est souvent utilisé pour représenter des données quantitatives non groupées en classe. Les bandes peuvent être horizontales ou verticales.

Un **pictogramme** est un diagramme à bandes où un motif est utilisé pour donner l'effectif. Une légende donne la valeur du motif utilisé.

Vélos vendus par **Ça roule inc.** depuis 2002.

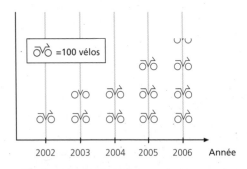

2002	2003	2004	2005	2006	Année

Item 94	Construire un diagramme à ligne brisée

Un **diagramme à ligne brisée** comprend…

- un titre,
- des axes bien identifiés avec les sous-titres,
- des points qui représentent le lien entre une valeur et son effectif,
- une ligne brisée qui relie ces points,
- une coupure d'axe si nécessaire.

**Variation de la température
à Montréal le 24 juin 2006.**

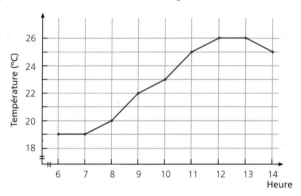

Le diagramme à ligne brisée est souvent utilisé pour mettre l'accent sur l'évolution d'une situation dans le temps.

@ Éditions Marie-France
Merci de ne pas photocopier.

Un **diagramme circulaire** est un disque **divisé en secteurs**.
Il comprend…

- un titre,
- des secteurs circulaires bien identifiés avec les sous-titres,
- l'angle de chaque secteur correspond à la fréquence relative de chaque valeur par rapport au disque.

Pour construire un diagramme circulaire…

- on trace un cercle,
- on trouve la mesure de l'angle de chaque secteur,
- on trace un premier rayon du cercle,
- à l'aide d'un rapporteur d'angle, on trace chacun des secteurs en les identifiant,
- on inscrit la fréquence relative de chaque valeur.

Construire un diagramme circulaire représentant la situation décrite par le tableau de distribution suivant.

PLAGE BEAU SOLEIL	
Pour location	Nombre disponible
Chaises	20
Parasols	20
Canots	16
Kayaks	11
Pédalos	5

Le nombre total d'objets à louer est donné par 20 + 20 + 16 + 11 + 5, soit 72.

On trouve la mesure de l'angle associé à chaque secteur.

Chaises : $360° \times \dfrac{20}{72} = 100°$

Parasols : $360° \times \dfrac{20}{72} = 100°$

Canots : $360° \times \dfrac{16}{72} = 80°$

Kayaks : $360° \times \dfrac{11}{72} = 55°$

Pédalos : $360° \times \dfrac{5}{72} = 25°$

On trace un cercle, un rayon et chacun des angles.

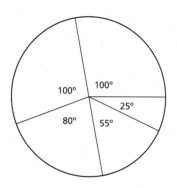

On calcule en pourcent l'importance de chaque secteur.

Chaises : $\dfrac{20}{72} \approx 0,28 \times \dfrac{100}{100} \approx \dfrac{28}{100} \approx 28\%$

Parasols : $\dfrac{20}{72} \approx 0,28 \times \dfrac{100}{100} \approx \dfrac{28}{100} \approx 28\%$

❚ Voir item 34

Canots : $\dfrac{16}{72} \approx 0,22 \times \dfrac{100}{100} \approx \dfrac{22}{100} \approx 22\%$

Kayaks : $\dfrac{11}{72} \approx 0,15 \times \dfrac{100}{100} \approx \dfrac{15}{100} \approx 15\%$

Pédalos : $\dfrac{5}{72} \approx 0,07 \times \dfrac{100}{100} \approx \dfrac{7}{100} \approx 7\%$

On complète le diagramme en ajoutant un titre et en identifiant les secteurs.

Location à la plage Beau Soleil.

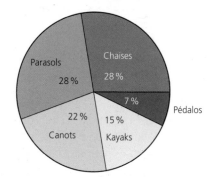

A

@ Éditions Marie-France
Merci de ne pas photocopier.

Index

Index

L ━━━━━━━━━━━━━━━━━━━━━━━━━━━━━━━━━━━━━

M ━━━━━━━━━━━━━━━━━━━━━━━━━━━━━━━━━━━━━

161

Nombre décimal

Nombres entiers

Nombres naturels

P

Index

R

Index